口才训练与应用写作

主　编　陈　思　刘　璐　闫青青
副主编　齐立平　虎良印　金　辉
参　编　马丽莎　卜文菁　丁耀平

苏州大学出版社
Soochow University Press

图书在版编目（CIP）数据
口才训练与应用写作 / 陈思，刘璐，闫青青主编.
苏州 ：苏州大学出版社，2025. 8. -- ISBN 978-7-5672-5353-7
Ⅰ. H019；H152. 3
中国国家版本馆 CIP 数据核字第 202506S04T 号

KOUCAI XUNLIAN YU YINGYONG XIEZUO

责任编辑：杨　冉　　**装帧设计**：刘　俊

出版发行：	苏州大学出版社	**网　　址**：	http://www. sudapress. com
社　　址：	苏州市十梓街 1 号	**邮　　箱**：	sdcbs@ suda. edu. cn
邮　　编：	215006	**开　　本**：	787 mm×1 092 mm　1/16
印　　刷：	镇江文苑制版印刷有限责任公司	**印　　张**：	14
版　　次：	2025 年 8 月第 1 版	**字　　数**：	315 千
印　　次：	2025 年 8 月第 1 次印刷	**定　　价**：	48. 00 元

图书若有印装错误，本社负责调换
苏州大学出版社营销部电话　　0512-67481020
苏州大学出版社天猫旗舰店　　https://szdxcbs. tmall. com

PREFACE 前言

当前，我国职业教育正处于提质培优、增值赋能的高质量发展新阶段，教材建设作为职业院校教学发展的核心内容之一，是培养高层次技术技能人才的重要基石。为响应新时代职业教育改革的号召，我们立足校企合作，结合岗位知识、能力及素质要求，坚持“思政引领”，聚焦“核心能力”，力求打造一本兼具思想性、实用性与时代特色的创新型教材，为学生职业发展、岗位适应及终身学习奠定坚实基础。

教材从口才训练和应用写作两方面入手，以六大项目、二十六个任务为架构，覆盖学生日常生活、求职就业、职场发展等多元场景。每个任务均采用“学习目标—课前任务反馈—课中活动—课后活动—知识链接”的闭环设计，融入案例分析、角色扮演、趣味竞赛、小组讨论等互动形式，实现“教、学、做”一体化，激发学生的主动性与创造力。教材特色如下。

思想性：立足课程思政，将文化自信、家国情怀、职业精神、诚实守信、爱岗敬业等元素贯穿案例与任务，助力学生树立正确的价值观与职业观。

实践性：遵循“理论精讲、强化实训”理念，构建“基础能力—专项提升—综合应用”三级能力培养体系，设计阶梯式训练任务，配套标准化评价工具，帮助学生快速掌握表达与写作的核心技巧。

校企协同性：联合企业开发教材，引入企业真实项目案例与岗位标准，确保教学内容紧贴行业一线；企业专家全程参与内容审核与实训设计，强化教材的行业适配性。

资源与平台支撑：为适应“互联网+教育”趋势，本教材配套了丰富的线上资源，学生可通过移动终端随时获取资源、参与实训，教师亦可依托平台实现个性化教学管理与数据追踪，高效实施混合式教学。

本教材由云南经贸外事职业学院一线教师联合行业企业专家共同编写，力求实现教育理论与行业实践的深度融合。

本书在编写过程中，参考了大量国内外相关著作，并借鉴了企业真实案例，因篇幅所限，未能逐一标注。在此向所有作者、专家学者及合作企业致以诚挚谢意。

由于时间与水平有限，书中疏漏之处在所难免，恳请广大师生、行业同人提出宝贵意见。我们将持续对本教材进行修订完善，为职业教育高质量发展贡献力量。

CONTENTS 目录

项目一　口才筑基

口才不是与生俱来的，是需要经过后天的努力培养才能具备的。通过本项目的学习，学生可以提高普通话水平、口才心理素质、口才思维能力，能够更加准确、流畅、自信、恰当地完成口头语言表达。

任务1　普通话语音训练

* *

学习目标

- **知识目标**

  1. 能够说出普通话水平测试的等级和题型。

  2. 能够说出本地区难读易错的声母、韵母、声调等。

- **技能目标**

  能够运用发音技巧对易错声母、韵调、声调、音变进行辨正。

- **素质目标**

  能够积极主动地用普通话交流，提升语言素养。

- **思政目标**

  能够进一步感受母语的魅力，建立文化自信。

课前学习任务

预习知识链接部分内容，将你认为的重难点设计成测试题，将题目和答案写在课前任务反馈的横线上。（要求：不少于3题，题型为选择题或判断题）

一、课前任务反馈

二、课中活动

（一）导航

小王今天第一天上班，下班后回到家里，王爸爸就询问起小王的工作情况："儿子，今天上班的时候，同事们对你怎么样啊？"小王答道："我们车间的同事对我特别好，有'罗锅''油锅''菜锅''米锅'……"

大家还知道哪些"方言闹笑话"的故事，请简要讲述，并从生活、学习、职场的角度，谈谈为什么要大力推广普通话，将认识简明扼要地写在横线上。

（二）各个击破

1."普通话概况和水平测试"相关知识快速检测

（1）（单选）普通话以（　　）为标准音。

A. 北方方言语音　B. 北方话语音　C. 北京话语音　D. 北京语音

(2)(单选)普通话以(　　)为语法规范。

A. 国家法令法规条文　　B. 公开发表的文章

C. 典范的现代白话文著作　　D. 典范的古典名著

(3)(单选)云南属于(　　)方言区。

A. 北方方言　　B. 湘方言　　C. 客家方言　　D. 粤方言

(4)(单选)普通话水平测试等级分为(　　)。

A. 三级三等　　B. 二级四等　　C. 三级六等　　D. 四级二等

(5)(单选)某同学普通话水平测试成绩为 86 分,该分数属于(　　)。

A. 二级甲等　　B. 一级乙等　　C. 二级乙等　　D. 三级甲等

(6)(单选)语文教师和对外汉语教师应达到的普通话等级是不低于(　　)。

A. 一级甲等　　B. 一级乙等　　C. 二级甲等　　D. 二级乙等

(7)(多选)普通话水平测试的题型包括(　　)。

A. 读单音节字词　　B. 读多音节词语

C. 朗读短文　　D. 命题说话

2. 练声先练气

出东门,过大桥,大桥底下一树枣儿,拿着竹竿去打枣儿。青的多,红的少。一个枣,两个枣,三个枣,四个枣,五个枣,六个枣,七个枣,八个枣,九个枣,十个枣;十个枣,九个枣,八个枣,七个枣,六个枣,五个枣,四个枣,三个枣,两个枣,一个枣,一口气数完才算好。

活动提示:

刚开始做练习时,可中途适当换气,随着对气息的控制增强,逐渐减少换气次数,尽量做到一口气读完。

3. 声母辨正

(1)读表 1-1-1 中的单音节字,将自己读错的声母记录在横线上。

表 1-1-1　普通话声母辨正单音节字测试表

声母	单音节字
b、p、m	罢、卑、泵、币、彼 // 批、盘、聘、蓬、偏 // 冒、某、谜、妙、牧
f	阀、方、扶、富、奉
z、c、s	宰、赞、枣、择、租 // 睬、餐、策、曹、蹭 // 诵、嗓、笋、鳃、溯
d、t、n、l	旦、带、巅、荡 // 榻、谭、泰、淘 // 娜、黏、酿、暖 // 腊、郎、老、楼
zh、ch、sh、r	追、皱、找、章 // 茬、蝉、畅、捶 // 筛、膳、渗、栓 // 仍、闰、儒、软

续表

声母	单音节字
j、q、x	酒、荐、绛、礁、疆 // 洽、乾、渠、嵌、砌 // 锈、潇、弦、掀、鑫
g、k、h	概、擀、港、歌、贡 // 坎、坑、控、垦、奎 // 骇、慧、海、瀚、嚎

(2) 将易错声母的正确发音技巧记录在横线上，并进行辨正练习。

(3) 难点突破。

z—zh

资—知　租—朱　遭—招　脏—张　栽—摘　族—竹　杂—闸　则—哲

咋—浊　祖—主　子—纸　早—找　在—寨　自—智　暂—占　赠—正

c—ch

粗—初　操—钞　擦—插　聪—充　村—春　苍—昌　催—吹　词—池

才—柴　层—成　此—尺　草—炒　促—触　测—撤　次—翅　凑—臭

s—sh

三—山　搜—收　森—身　撒—沙　缩—说　苏—书　酸—栓　思—师

随—谁　扫—少　嗓—赏　素—术　赛—晒　四—市　岁—税　散—善

绕口令比拼：

撕张字纸包柿子，包包柿子给侄子，侄子吃了红柿子，扔了包柿子的字纸。

4. 韵母辨正

（1）读下列韵母，将自己读错的韵母记录在横线上。

单韵母：-i（前）、-i（后）、ê

复韵母：ie、üe、iao、uai、iou、uei

鼻韵母：ian、uan、üan、en、eng、in、ing、ueng

（2）将易错韵母的正确发音技巧记录在横线上，并进行辨正练习。

（3）难点突破。

eng—en

生—申　烹—喷　封—纷　筝—珍　绷—奔　僧—森　羹—跟　萌—门

诚—晨　蓬—盆　仍—仁　恒—痕　绳—神　讽—粉　梦—闷　奉—份

ing—in

倾—侵　英—阴　兵—濒　兴—新　乒—拼　京—斤　明—民　屏—频

迎—银　凝—您　龄—临　晴—勤　颈—仅　令—吝　敬—进　杏—衅

绕口令比拼：

天上一个盆，地下一个棚，盆碰棚，棚碰盆，棚倒了，盆碎了，是棚赔盆还是盆赔棚。

天津和北京，津京两个音，一个是前鼻音，一个是后鼻音，你要分不清，请你注意听。

5. 声调辨正

(1) 读单音节字，并将调值标记在括号中。

团（ ） 状（ ） 逃（ ） 尊（ ） 踹（ ） 糖（ ）
氯（ ） 赔（ ） 追（ ） 甜（ ） 禹（ ） 恩（ ）
盐（ ） 拐（ ）

(2) 将易错声调的正确发音技巧记录在横线上，并进行辨正练习。

____
____
____
____
____
____

(3) 难点突破。

上声

靶 铲 罕 使 晌 榜 渴 诊 谴 己 躺 贬 厂 瘾 顷 碗
褶 逞 颈 党 赌 鄙 统 讲 蹈 皖 展 举 伪 丙 网 简
理 冷 感 享 捕 咬 烤 检 柏 惨 演 止 彩 舞 缆 稳

阴上

推理 艰苦 歌舞 抓紧 开始 山谷 英勇 经理

阳上

逃走 遗产 围剿 言语 平坦 调解 联想 评选

去上

地板 样本 现场 电子 动手 跳舞 立体 淀粉

绕口令比拼：

娃挖瓦，娃挖蛙，娃挖瓦挖蛙，挖蛙挖出瓦。娃挖蛙，娃挖瓦，娃挖蛙挖瓦，挖瓦挖出蛙。

6. 语流音变

(1) 变调。

① 上声变调。

认读下列词语，总结归纳上声变调的规律，并记录在横线上。

(上声+阴平) 普通 演出 统一 转播 整装
(上声+阳平) 起航 指南 普及 保持 谴责
(上声+去声) 改造 舞剧 主要 访问 考试

（上声+轻声）打发　打扮　点心　伙计　晚上
（上声+上声）把手　表演　采访　党委　岛屿
（上声+上声+上声）选举法　体检表　表演者　海产品　铁脚板

②“一”和“不”变调。

读下面的语段，总结归纳“一”和“不”变调的规律，并记录在横线上。

干工作不能三心二意、表里不一，要做到一心一意、言行一致、一丝不苟、一往无前。有了成绩不能骄傲，遇到困难不能失去信心、愁眉不展、一蹶不振，要不屈不挠、始终如一、锲而不舍。不怕不会，就怕不做，要一不怕苦，二不怕累，不折不扣，不讲价钱，不说怪话。

（2）语气词“啊”的音变。

读儿歌，总结归纳语气词“啊”的音变规律，并记录在横线上。

小鸡跑，叽叽叫，问它去哪找食啊？
小花猫，喵喵喵，说它追着蝴蝶啊！
小狗跳，汪汪闹，问它为啥摇尾啊？
小主人，微微笑，夸它懂得礼貌啊！
风儿吹，树叶飘，问它要往哪飘啊？
云儿飘，轻轻摇，说它去把雨邀啊！

（3）轻声。

自主朗读后进行跟读，总结归纳轻声的规律，并记录在横线上。

爱人 案子 巴结 巴掌 把子 把子 爸爸 白净 班子 板子 帮手
梆子 膀子 棒槌 棒子 包袱 包子 刨子 豹子 杯子 被子 本事
本子 鼻子 比方 鞭子 扁担 辫子 别扭 饼子 脖子 薄荷 簸箕
补丁 不由得 步子 部分 财主 裁缝 苍蝇 差事 柴火 肠子 厂子
场子 车子 称呼 池子 尺子 虫子 绸子 出息 除了 锄头 畜生
窗户 窗子 锤子 伺候 刺猬 凑合 村子 耷拉 答应 打扮 打点
打发 打量 打听 打招呼 大方 大爷 大意 大夫 带子 袋子 单子
耽搁 耽误 胆子 担子 刀子 道士 稻子 灯笼 凳子 提防 滴水
笛子 嘀咕 底子 地道 地方 弟弟 弟兄 点心 点子 调子 碟子
钉子 东家 东西 动静 动弹 豆腐 豆子 嘟囔 肚子 肚子 端详
缎子 队伍 对付 对头 对子 多么 哆嗦 蛾子 儿子 耳朵 贩子
房子 废物 份子 风筝 疯子 福气 斧子 富余 盖子 甘蔗 杆子
杆子 干事 杠子 高粱 膏药 稿子 告诉 疙瘩 哥哥 胳膊 鸽子
格子 个子 根子 跟头 工夫 弓子 公公 功夫 钩子 姑姑 姑娘
谷子 骨头 故事 寡妇 褂子 怪不得 怪物 官司 棺材 罐头 罐子
规矩 闺女 鬼子 柜子 棍子 果子 哈欠 蛤蟆 孩子 含糊 汉子
行当 合同 和尚 核桃 盒子 恨不得 红火 猴子 后头 厚道 狐狸
胡萝卜 胡琴 胡子 葫芦 糊涂 护士 皇上 幌子 火候 伙计 机灵
记号 记性 夹子 家伙 架势 架子 嫁妆 尖子 茧子 剪子 见识
毽子 将就 交情 饺子 叫唤 轿子 结实 街坊 姐夫 姐姐 戒指
芥末 金子 精神 镜子 舅舅 橘子 句子 卷子 开通 靠得住 咳嗽
客气 空子 口袋 口子 扣子 窟窿 裤子

（摘自《普通话水平测试实施纲要（2021年版）》轻声词语表）

（4）儿化。

自主朗读后进行跟读，总结归纳儿化的规律，并记录在横线上。

板擦儿　没法儿　打杂儿　戏法儿　刀把儿　找碴儿　号码儿　壶盖儿
小孩儿　加塞儿　鞋带儿　名牌儿　包干儿　脸盘儿　笔杆儿　门槛儿
快板儿　收摊儿　老伴儿　蒜瓣儿　脸蛋儿　栅栏儿　赶趟儿　香肠儿
药方儿　瓜瓤儿　掉价儿　一下儿　豆芽儿　半点儿　馅儿饼　差点儿
小辫儿　坎肩儿　心眼儿　拉链儿　牙签儿　聊天儿　一点儿　露馅儿
有点儿　冒尖儿　雨点儿　扇面儿　照片儿　透亮儿　鼻梁儿　花样儿
大褂儿　小褂儿　麻花儿　笑话儿　马褂儿　牙刷儿　脑瓜儿　一块儿
茶馆儿　好玩儿　打转儿　火罐儿　大腕儿　落款儿　拐弯儿　打晃儿
天窗儿　蛋黄儿　包圆儿　手绢儿　出圈儿　烟卷儿　绕远儿　杂院儿
人缘儿　刀背儿　摸黑儿　把门儿　面人儿　别针儿　纳闷儿　大婶儿
嗓门儿　刀刃儿　小人儿书　高跟儿鞋　杏仁儿　哥们儿　压根儿　后跟儿
一阵儿　花盆儿　走神儿　老本儿　脖颈儿　夹缝儿　提成儿　钢镚儿
半截儿　小鞋儿　旦角儿　主角儿　耳垂儿　围嘴儿　墨水儿　一会儿
跑腿儿　走味儿　冰棍儿　没准儿　打盹儿　胖墩儿　光棍儿　砂轮儿
开春儿　小瓮儿　瓜子儿　石子儿　没词儿　挑刺儿　记事儿　墨汁儿
锯齿儿　垫底儿　玩意儿　肚脐儿　针鼻儿　脚印儿　送信儿　有劲儿
打鸣儿　门铃儿　蛋清儿　人影儿　花瓶儿　图钉儿　火星儿　眼镜儿
毛驴儿　小曲儿　痰盂儿　合群儿　挨个儿　逗乐儿　唱歌儿　饭盒儿
打嗝儿　模特儿　单个儿　泪珠儿　碎步儿　梨核儿　媳妇儿　没谱儿
有数儿　抽空儿　小熊儿　酒盅儿　果冻儿　门洞儿　胡同儿　小葱儿
半道儿　口哨儿　灯泡儿　口罩儿　红包儿　蜜枣儿　叫好儿　手套儿
绝着儿　跳高儿　豆角儿　面条儿　火苗儿　跑调儿　开窍儿　鱼漂儿
个头儿　小丑儿　老头儿　小偷儿　门口儿　衣兜儿　年头儿　纽扣儿
线轴儿　顶牛儿　加油儿　棉球儿　抓阄儿　被窝儿　绝活儿　出活儿
小说儿　大伙儿　邮戳儿　火锅儿　做活儿　耳膜儿　粉末儿

（摘自《普通话水平测试实施纲要（2021 年版）》儿化词语表）

（三）综合实战

1. 轻声、儿化音讲故事比赛

比赛规则：

（1）在上面的轻声、儿化音练习素材中选择 10 个词语（轻声、儿化词语各 5 个），以小组合作的形式编写故事。

（2）故事主题不限，需要有时间、地点、人物、故事情节等要素。

（3）各小组派一名代表进行全班分享，并根据评价量表（表 1-1-2）完成小组互评。

表 1-1-2 “轻声、儿化音讲故事比赛”评价量表

出场顺序或小组名称	故事名称	评分标准（10 分制）					
		主题鲜明，思想内容积极向上（2 分）	普通话标准、声音洪亮，表达自然流畅（3 分）	轻声和儿化词语运用贴切、符合逻辑、发音准确（3 分）	感情真挚、仪态自然大方（1 分）	时间控制在 3—4 分钟（1 分）	总分

续表

出场顺序或小组名称	故事名称	评分标准（10分制）					
		主题鲜明，思想内容积极向上（2分）	普通话标准、声音洪亮，表达自然流畅（3分）	轻声和儿化词语运用贴切、符合逻辑、发音准确（3分）	感情真挚、仪态自然大方（1分）	时间控制在3—4分钟（1分）	总分

2. 模拟测试

普通话水平测试样卷

一、读单音节字（100个音节，共10分，限时3.5分钟）。请横向朗读！

锅 倦 弥 戳 潜 伤 靠 租 雪 孤
嫁 胸 第 罚 韵 毁 日 喉 最 绒
蒜 鞋 啃 痛 歪 亩 抬 驱 绕 姜
靶 玄 寡 林 此 裂 百 政 捻 蹿
酿 窗 嫡 倾 绺 倪 肋 辖 赚 波
怪 菊 沾 仿 袜 裙 拴 祈 液 存
鸟 谬 筒 搭 皇 爱 梭 坪 抓 冢
塘 饵 花 窘 汪 恐 蛋 沉 衣 河
征 慧 硫 谕 煮 踹 丝 擀 瞥 卸
貂 氦 瓷 懂 怨 隋 猫 痒 孰 怎

二、读多音节词语（100个音节，共20分，限时2.5分钟）。请横向朗读！

红火 篡改 描述 程序 创造性 丰硕 胸脯 缺乏
艺术家 撇开 森林 快速 牛顿 牌子 好玩儿 华贵
完备 功能 翅膀 手绢儿 舞蹈 爱国 为了 审美
彼此 侵略 旦角儿 群体 命运 皎洁 油田 农村
贫穷 猫头鹰 冉冉 培育 外力 安居乐业 灰色
翱翔 脖颈儿 大娘 叛变 所有制 下降 百家争鸣

三、朗读短文（400个音节，共30分，限时4分钟）

大匠无名（节选）

单霁翔

去过故宫大修现场的人，就会发现这里和外面工地的劳作景象有个明显的区别：这里没有起重机，建筑材料都是以手推车的形式送往工地，遇到人力无法运送的木料时，工人们会使用百年不变的工具——滑轮组。故宫修缮，尊重着“四原”原则，即原材料、原工艺、原结构、原型制。在不影响体现传统工艺技术手法特点的地方，工匠可以用电动工具，比如开荒料、截头。大多数时候工匠都用传统工具：木匠画线用的是墨斗、画签、毛笔、方尺、杖竿、五尺；加工制作木构件使用的工具有锛、凿、斧、锯、刨等。

最能体现大修难度的便是瓦作中“苫背”的环节。“苫背”是指在房顶做灰背的过程，它相当于为木建筑添上防水层。有句口诀是三浆三压，也就是上三遍石灰浆，然后再压上三遍。但这是个虚数。今天是晴天，干得快，三浆三压硬度就能符合要求，要是赶上阴天，说不定就要六浆六压。任何一个环节的疏漏都可能导致漏雨，而这对建筑的损坏是致命的。

“工”字早在殷墟甲骨卜辞中就已经出现过。《周官》与《春秋左传》记载周王朝与诸侯都设有掌管营造的机构。无数的名工巧匠为我们留下了那么多宏伟的建筑，但很少被列入史籍，扬名于后世。

匠人之所以称为“匠”，其实不仅是因为他们拥有了某种娴熟的技能，毕竟技能还可以通过时间的累积“熟能生巧”，但蕴藏在“手艺”之上的那种对建筑本身的敬畏和热爱却需要从历史的长河中去寻觅。

将壮丽的紫禁城完好地交给未来，最能仰仗的便是这些默默奉献的匠人。故宫的修护注定是一场没有终点的接力，而他们就是最好的接力者。

四、命题说话（请在下列话题中任选一个，共40分，限时3分钟）

（1）我的理想（或愿望）。

（2）过去的一年。

三、课后活动

下载普通话测试APP，自行测试并截图反馈。

四、知识链接

（一）普通话概况

民族共同语是民族内部用来交际的语言，是识别一个独立民族的主要标志之一。

汉民族共同语的雏形（雅言）最晚在周代（西周至春秋时期）已经产生并确立其地位。当时的民族共同语叫“雅言”，主要流行于黄河流域，我国第一部诗歌总集《诗经》的语言就是雅言。汉代的民族共同语叫“通语”。明清时期的汉民族共同语叫“官话”。民国时期的汉民族共同语叫“国语”。中华人民共和国成立后的汉民族共同语叫“普通话”。

《中华人民共和国国家通用语言文字法》规定：普通话是国家通用语言。目前，普通话作为现代汉民族共同语，正在全国各地广泛使用。

普通话是民族荣誉、国家精神的重要文化载体，说好普通话是中华儿女义不容辞的责任。对于新一代的青年大学生而言，流畅得体的口头表达也是人才综合素质中必不可少的内容。因此，普通话训练具有重要的意义。

（二）普通话的定义

普通话是以北京语音为标准音，以北方话为基础方言，以典范的现代白话文著作为语法规范的国家通用语言，是现代汉语的标准语。

这个定义从语音、词汇、语法三个方面明确规定了普通话的标准。“普通”二字的含义是“普遍”和“共通”。

（三）普通话水平测试

我国为加快共同语普及进程、提高全社会普通话水平，特设置了普通话水平测试，这是应试人的母语标准语水平测试，不是外语测试。

测试内容均以口头方式进行，主要测试从方言转到标准语的口语运用能力，侧重于语言形式规范程度的测试，而非语言知识的测试，也不是表达技巧的评定，更不是文化考试，是对应试人掌握和运用普通话所达到的规范程度的测查和评定。

1. 普通话水平等级

普通话水平测试是一个等级考试，其成绩被划分为三个级别，每个级别内又细分为两个等次（甲等和乙等），即“三级六等”。(表 1-1-3)

普通话水平测试以普通话语音、词汇、语法规范（一级甲等）为参照标准，通过评定应试者的普通话水平与这一标准的接近程度，来确定其相应的水平等级。

表 1-1-3 普通话水平等级的分值划定、要求及标准表

水平	等级	得分	失分率	要求及标准
标准的普通话	一级甲等	97—100 分	≤3%	朗读和自由交谈时，语音标准，词语、语法正确无误，语调自然，表达流畅
	一级乙等	92—96.9 分	≤8%	朗读和自由交谈时，语音标准，词语、语法正确无误，语调自然，表达流畅。偶然有字音、字调失误
比较标准的普通话	二级甲等	87—91.9 分	≤13%	朗读和自由交谈时，声韵调基本标准，语调自然，表达流畅。少数难点音（平翘舌音、前后鼻尾音、边鼻音等）有时出现失误。词语、语法极少有误
	二级乙等	80—86.9 分	≤20%	朗读和自由交谈时，个别调值不准，声韵母发音有不到位现象。难点音（平翘舌音、前后鼻尾音、边鼻音、fu-hu、z-zh-j、送气不送气、i-ü 不分、复韵母单音化等）失误较多。方言语调不明显。有使用方言词、方言语法的情况
不标准的普通话	三级甲等	70—79.9 分	≤30%	朗读和自由交谈时，声韵母发音失误较多，难点音失误超出常见范围，声调调值多不准。方言语调较明显。词语、语法有失误
	三级乙等	60—69.9 分	≤40%	朗读和自由交谈时，声韵母发音失误多，方音特征突出。方言语调明显。词语、语法失误较多。外地人听其谈话有听不懂的情况

根据国家语言文字工作委员会和教育部的有关文件精神，一些省市和行业系统根据实际需要，在依照国家原则要求的基础上，对部分人员的普通话水平要求做了细化，以促进普通话的进一步普及。(表 1-1-4)

表 1-1-4 普通话水平等级达标要求一览表

水平	等级	行业系统、专业人员达标要求
标准的普通话	一级甲等	省级电台、电视台播音员和节目主持人
	一级乙等	1. 普通话教师和语音教师 2. 广播电视播出机构播音员、节目主持人和影视话剧演员 3. 电影、话剧、广播剧、电视剧等表演、配音人员，播音、主持人专业和电影、话剧表演专业教师与毕业生
比较标准的普通话	二级甲等	1. 语文教师和对外汉语教学教师 2. 师范类中文专业毕业生
	二级乙等	1. 新录用公务员 2. 学校及其他教育机构教师（不包括语文教师、对外汉语教学教师和普通话语音教师） 3. 师范类其他专业学生和非师范类与口语相关专业毕业生（如英语、音乐、新闻、文秘、法律、管理、导游、商业、信息通信、外贸、财经、医学、餐饮服务等专业）

续表

水平	等级	行业系统、专业人员达标要求
不标准的普通话	三级甲等	1. 国家机关工作人员 2. 大中专毕业生 3. 公共服务行业从业人员
	三级乙等	

备注：
1954 年 1 月 1 日以后出生的上述人员应当接受普通话水平测试并达到相应的等级要求。
特别说明：
根据规定，对上述人员实行普通话等级证书制度。
请根据规定，对相关专业应取得的普通话水平等级要求，报名参加普通话水平等级测试。

2. 普通话水平测试的内容

（1）读单音节字词（100 个音节，共 10 分，限时 3.5 分钟）。

（2）读多音节词语（100 个音节，共 20 分，限时 2.5 分钟）。

（3）朗读短文（400 个音节，共 30 分，限时 4 分钟）。

（4）命题说话（共 40 分，限时 3 分钟）。

（四）声母常识

普通话有 21 个辅音声母，加上零声母共 22 个。按照发音部位和发音方法的不同，辅音声母可以分为唇音、舌尖音、舌面音，如表 1-1-5 所示。

表 1-1-5　辅音声母的发音部位分类

发音种类		声母	构成阻碍的方式
唇音	双唇音	b、p、m	上唇与下唇构成阻碍
	唇齿音	f	下唇与上齿构成阻碍
舌尖音	舌尖前音	z、c、s	舌尖与上齿背构成阻碍
	舌尖中音	d、t、n、l	舌尖与上齿龈构成阻碍
	舌尖后音	zh、ch、sh、r	舌尖与硬腭前部构成阻碍
舌面音	舌面音（舌面前音）	j、q、x	舌面与硬腭构成阻碍
	舌根音（舌面后音）	g、k、h	舌根与软腭构成阻碍

（五）韵母常识

韵母是一个音节中声母后面的部分。普通话共有 39 个韵母。（表 1-1-6）

表 1-1-6　普通话韵母总表

按结构分		按口形分			
		开口呼	齐齿呼	合口呼	撮口呼
单韵母		-i（前） -i（后）	i	u	ü
		ɑ			
		o			
		e			
		ê			
		er			
复韵母		ɑi	iɑ	uɑ	üe
		ei	ie	uo	
		ɑo	iɑo	uɑi	
		ou	iou	uei	
鼻韵母	前鼻	ɑn	iɑn	uɑn	üɑn
		en	in	uen	ün
	后鼻	ɑng	iɑng	uɑng	
		eng	ing	ueng	
				ong	iong

（六）声调常识

声调是音节中具有区别意义作用的音高变化。汉语中的一个音节一般就是一个汉字，因此声调又称字调。

声调包括调值和调类两个方面。（表 1-1-7）

调值：声调的实际读法，即声调高低、升降、曲直变化的具体形式。描写调值一般采用“五度标记法”（图 1-1-1），即立一竖标，中分 5 度，最低为 1，最高为 5，以表示声调的音高变化，再用从左至右的辅线表示实际的音高升降变化形式和度数。

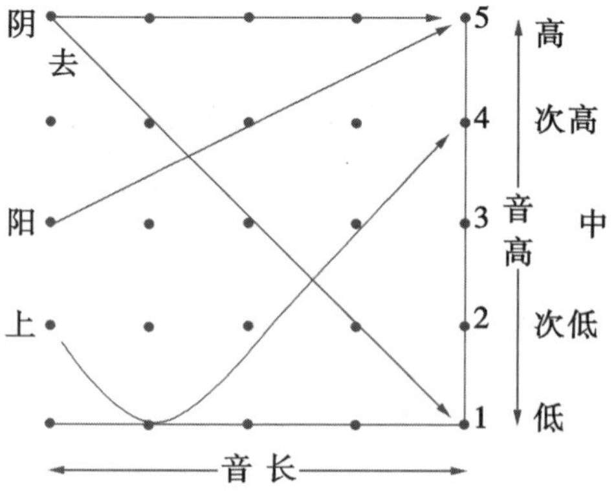

图 1-1-1　五度标记法

调类：调类就是声调的类别。普通话声调有四个调类——阴平、阳平、上声、去声，也就是我们平常所说的四个声调。

表 1-1-7 普通话的调值、调类综述表

调值	调类	调号	调值说明	例字	发音技巧
55 高平	阴平	─	起音高高一路平	心（xīn）	发音时声带绷到最紧，始终保持音高，无明显变化
35 中升	阳平	╱	由中到高往上升	明（míng）	发音时声带从不松不紧开始，逐渐绷紧，直至最紧，声音从不低不高到最高
214 降升	上声	V	先降然后再扬起	眼（yǎn）	发音时声带开始略紧，然后立刻松弛下来，稍稍延长后迅速绷紧，但没有绷到最紧。 先降后升的调子，声音主要表现在低音段，上升阶段相当短促，音长在四声中最长
51 全降	去声	╲	高起猛降到底层	亮（liàng）	发音时声带从紧开始滑到完全松弛，声音从高到低，音长在四声中最短

（七）语流音变

人们在说话时，不是孤立地发出单个的音节（字），而是把音节组成一连串自然的“语流”。由于相邻音节的相互影响或表情达意的需要，有些音节的读音要发生一定的变化，这就是语流音变。要使普通话纯正熟练，必须了解和掌握普通话的音变规律。

普通话的音变现象，最常见的有变调、语气词“啊”的音变、轻声、儿化。

1. 变调

在语流中，邻近音节声调的相互影响会使某个音节本来的声调发生变化，这种声调变化现象叫变调。普通话里的变调包括上声变调、“一”的变调、“不”的变调。

（1）上声变调。

上声变调的一般规则是“前变后不变”，即在语流中，上声作“前字”时变调，作“后字”（在句末或较大停顿处）时不变调。（表 1-1-8）

表 1-1-8 上声变调规律一览表

上声变调类型		变调规律	示例
上声+非上声	上声+阴平	上声在非上声前读半上，调值由 214 变为 211	北京　火车　普通
	上声+阳平		海防　导游　朗读
	上声+去声		武汉　广大　考试
	上声+轻声		耳朵　姐姐　打扮

续表

上声变调类型		变调规律	示例
上声+上声		两个上声相连，前一个上声调值由214变为35	整体　铁塔　感慨
上声+上声+上声	（上声+上声）+上声	当词语结构是“双单格”时，前两个上声调值变为35，末尾音节读原调	展览馆　手写体 演讲稿
	上声+（上声+上声）	当词语结构是“单双格”时，开头音节调值变为211，中间音节调值变为35，末尾音节读原调	纸老虎　小两口 请允许

（2）“一”的变调。（表1-1-9）

表1-1-9　“一”的变调规律一览表

出现情况	变调（实际读法）	示例
单念	念原调（55）	一
作为序数	念原调（55）	第一　一楼　一级
在词末或句末	念原调（55）	统一　唯一 这个数不过总数的千分之一
在去声前	念阳平（35）	一块　一句　一对
在非去声前	念去声（51）	一只　一生　一般 一盘　一同　一时 一桶　一起　一早
嵌在动词重叠中	念次轻声	试一试　猜一猜

（3）“不”的变调。（表1-1-10）

表1-1-10　“不”的变调规律一览表

出现情况	变调（实际读法）	示例
单念	念原调（51）	不
在词末或句末	念原调（51）	我不 要不，这事全由你办
在去声前	念阳平（35）	不是　不用　不变　不懈
在非去声前	念去声（51）	不安　不甘　不屈　不堪 不能　不足　不如 不好　不敢　不走　不仅
嵌在动词、形容词重叠中	念次轻声	看不看　去不去　高不高
在动词、形容词后作补语	念次轻声	用不着　吃不好

2. 语气词“啊”的音变

“啊”的音变一般指语气词“啊”的读音变化。“啊”常用于句末或句中停顿处，由于受它前面音节最末一个音素的影响，常常产生种种语音上的变化。这些变化反映在书面上，有写成“呀、哇、哪”的，也有写成“啊”的。（表 1-1-11）

表 1-1-11 语气词“啊”的音变规律一览表

“啊”前音节的末尾因素	“啊”的发音和写法		示例
ɑ、o、e、i、ü、ê	ɑ→yɑ	呀	景色真美啊
u（含 ɑo、iɑo 中 o）	ɑ→wɑ	哇	你真幸福啊
n	ɑ→nɑ	哪	多好的人啊
ng	ɑ→ngɑ	啊	你真行啊
-i（后）、er	ɑ→rɑ	啊	同志啊
-i（前）	ɑ→［zɑ］	啊	今天来回几次啊

3. 轻声

普通话的每个音节都有自己的声调，但在词语或句子中，有些音节会失去其原有的声调，变成比较轻、比较短的调子，这就是轻声。轻声是整个音节弱化的一种特殊音变现象。

轻声音节不会独立存在，一定出现在其他音节后面。大多数的轻声都与词汇、语法上的意义有着密切关系，一些词或词组靠轻声音节与非轻声音节区别词义和词性。因此，轻声是普通话的一个重要语音特色。（表 1-1-12）

表 1-1-12 轻声的音变规律一览表

轻声的音变规则		示例
有规则的音变	结构助词“的、地、得”和时态助词“着、了、过”	好的 飞快地 好得很 看着 跑了 去过
	语气词“啊、吧、吗、呢”等	是啊 好吧 在吗 人呢
	叠音词和动词的重叠形式后面的音节	哥哥 星星 瞧瞧 看看 尝尝
	名词后缀“子、头”和表示复述的“们”等	桌子 凳子 前头 木头 我们 同志们
	用在名词、代词后面表示方位的语素	床上 山下 屋子里 左边 右边 外面 里面
	用在动词、形容词后表示趋向的动词	过来 出去 下去 好起来
没有规则的音变	详看“普通话水平测试轻声词语表”	胳膊 疙瘩 功夫 姑娘 故事 闺女 合同 葫芦 活泼 机灵 街坊 戒指 老实 老爷

4. 儿化

儿化，是指一个音节带上卷舌动作，韵母因卷舌而发生音变的语音现象。带有卷舌色彩的韵母，即卷舌韵母（儿化韵）。（表 1-1-13）

表 1-1-13　儿化规律一览表

韵母	儿化规律	示例
韵腹或韵尾是 ɑ、o、e、u、ê	直接加卷舌动作	刀把儿　山坡儿
单韵母 i、ü	在韵母后加 er	垫底儿　金鱼儿
单韵母-i（前、后）	失去原韵母，加 er	没词儿　墨汁儿
韵尾是 i、n	丢掉韵尾，韵腹加上卷舌	小孩儿　后门儿
韵尾是 ng（ing 除外）	丢掉韵尾，韵腹加上卷舌并鼻化	药方儿　蛋黄儿
韵母是 ing	丢掉韵尾，加 er	火星儿　花瓶儿

儿化同轻声一样，具有词汇意义和语法意义，并具有一定的修辞作用。（表 1-1-14）

表 1-1-14　儿化作用一览表

作用	示例
区别词性	快把锅盖儿（名词）盖（动词）上 这个（量词）男孩儿个儿（名词）真高
区别词义	眼（眼睛）—眼儿（小孔，小窟窿） 信（书信）—信儿（消息）
表示喜爱、温婉、亲切的感情色彩	小孩儿　宝贝儿　来玩儿　大婶儿
表示细小、轻微的特点	粉末儿　小鱼儿　门缝儿　一会儿

小贴士

学习普通话的五大技巧

（1）模仿和跟读：通过模仿标准的普通话发音和语调，可以提高发音的准确度。可以跟读录音或音频材料，如新闻广播、有声书等。

（2）多听多说：增加听力输入和口语输出是提高语言能力的关键。多听普通话材料，多与人用普通话交流，可以提高听力和口语能力。

（3）分阶段学习：将普通话学习分为几个阶段，比如先学习基础的声母、韵母和声调，然后逐步过渡到词汇、语法和日常会话的学习。

（4）记录自己的发音：录下自己的普通话发音，与标准发音对比，找出差异并进行改进。

（5）借助工具：使用语言学习软件、应用程序和在线资源。

任务2 口才心理素质训练

学习目标

- **知识目标**

1. 能够说出口才与心理素质的关系。
2. 能够说出克服口语表达中的心理障碍的方法。

- **技能目标**

1. 能够运用适当的方法克服口语表达中的心理障碍。
2. 能够大胆从容地站在人群之中，表达自己的观点。

- **素质目标**

1. 能够正确认识自己在口才心理素质方面的优势和不足。
2. 能够拥有健康的、与口才相关的心理素质和价值观念。

- **思政目标**

能够保持乐观向上的人生态度，不断调整心态，磨炼意志。

课前学习任务

晏子使楚。楚人以晏子短，楚人为小门于大门之侧而延晏子。晏子不入，曰："使狗国者从狗门入，今臣使楚，不当从此门入。"傧者更道，从大门入。

见楚王。王曰："齐无人耶？"晏子对曰："齐之临淄三百闾，张袂成阴，挥汗成雨，比肩继踵而在，何为无人？"王曰："然则何为使子？"晏子对曰："齐命使，各有所主：其贤者使使贤主，不肖者使使不肖主。婴最不肖，故宜使楚矣！"

晏子将使楚。楚王闻之，谓左右曰："晏婴，齐之习辞者也。今方来，吾欲辱之，何以也？"左右对曰："为其来也，臣请缚一人，过王而行，王曰：'何为者也？'对曰：'齐人也。'王曰：'何坐？'曰：'坐盗。'"

晏子至，楚王赐晏子酒，酒酣，吏二缚一人诣王。王曰："缚者曷为者也？"对曰："齐人也，坐盗。"王视晏子曰："齐人固善盗乎？"晏子避席对

曰："婴闻之，橘生淮南则为橘，生于淮北则为枳，叶徒相似，其实味不同。所以然者何？水土异也。今民生长于齐不盗，入楚则盗，得无楚之水土使民善盗耶？"王笑曰："圣人非所与熙也，寡人反取病焉。"

思考并在课前任务反馈的横线上归纳：口才与心理素质之间的关系是怎样的？

一、课前任务反馈

二、课中活动

（一）导航

英国杰出的戏剧家萧伯纳以幽默的演讲才能著称于世，可他20岁初到伦敦时，却羞于见人，胆子很小。若有人请他去做客，他总是在人家门前忐忑不安地徘徊多时，而不敢直接去按门铃。有一次，一位朋友邀请他参加学者的辩论会，在会上他怀着非常紧张的心情站起来，做了有生以来的第一次演讲。他讲完后，受到了别人的讥笑。

此后，他每星期都当众演讲，在市场、学校、公园、码头……在挤满听众的大厅或只有寥寥几人的地下室，人们经常看到他慷慨陈词的身影。最后，他终于成了一位世界级演说家。

这个故事给你的启发有哪些？

（二）各个击破

1. 在台上面向公众演讲时，你的心理状态是什么样子的？你觉得产生这种心理状态的根本原因是什么？

2. 如何克服进行口语表达时的心理障碍？

3. 现场演示或尝试几种克服心理障碍的方法并感受其效果。

（三）综合实战

请一名同学上台分享一个触动你的“中国故事”，分享结束后，随机抽选其他同学进行口头点评。

三、课后活动

请从普通话水平测试的话题中任选一个，在小组内进行讲述。

四、知识链接

（一）口才与心理素质的定义

1. 什么是口才

口才是一种通过口语表达影响他人的才能，它不仅包括说话的技巧，还包括听、看、感受和思维能力。有口才的人在说话时能够做到言之有物、言之有序、言之有理、言之有情，运用准确、得体、生动、巧妙、有效的口语表达策略，达到特定的交际目的，取得良好的交际效果。

2. 什么是心理素质

心理素质是人的心理特征和心理能力的总和，包括个性特征、情绪管理、适应能力、应变能力、抗挫能力、心理弹性等方面。它是指个体在相应环境下，根据自身经验、素质和能力，有效地进行情绪调节、应对压力、克服困难、保持心理稳定和健康的能力。

（二）口才与心理素质的关系

口才与心理素质之间存在着密切的关系，主要体现在以下几个方面。

1. 心理素质对口才的影响

一个人的心理素质直接影响其口语表达的自信程度、应变能力和思维逻辑等。具备良好的心理素质可以使人更加自然、流利地进行口语表达，从而取得更好的交际效果。相反，心理障碍或情绪紧张会影响口语表达的效果，导致表达不自然、逻辑混乱等问题。

2. 口才对心理素质的影响

通过口才训练和表达，可以锻炼一个人的心理素质。口才好的人在社交场合往往更得心应手，能够更好地与他人建立联系，这有助于提高社交技能和心理素质。口才对心理素质的影响是多方面的，它不仅能够提升个人的沟通能力，还能够在很大程度上促进个人的整体心理素质的发展。

（三）良好口才的影响要素

1. 充分的自信心

充分的自信心是口语表达成功最重要的一点。只有具备自信心，才能在口语表达前情绪饱满、精力旺盛，在表达过程中，只有保持情绪镇静、神态自若、思维敏捷、言语流畅，才能使自己所讲的内容恰当，从而更好地展示自己的口语技能。要树立自信心，一要有充分的心理准备，有一定能成功的信心，正确看待失败，保持良好心态；二要充分准备讲话的内容，了解听众，做到心中有数；三要加强口语表达训练，明确自身的不足，有针对性地加强练习，逐步增强自信心。

2. 真诚的态度

真诚使言语更具魅力，当你用得体的话语表达出真诚时，你就赢得了对方的信任，建立起人与人之间的信赖关系，对方也就可能因信赖你这个人而喜欢你说的话。

3. 强大的自控力

自控力是根据需要对自我情绪和情感进行调节、控制的良好的心理适应能力，这种心理适应能力是保证口语表达者顺畅调动自己的思维、组织和运用自己语言的决定性因素。

4. 强烈的成功欲

强烈的成功欲主要表现为一种获得交际表达效益的欲望，它在讲说行为中起着巨大的推进作用。一个人若想获得表达的成功，首先必须激发内在的表达需要和欲望，并逐步提升其强度，当这种需要和欲望达到一定程度时就会触发表达者的心理动机，使表达者对讲说后果高度关切，进而引起表达者对讲说内容与技巧的关注，最终实现成功表达的目标。

5. 敏锐的观察力

好口才要有好的观察力。口语表达者的观察涉及对讲说材料的感知和发现、对讲说环境的了解、对讲说对象的外部行为和心理活动的洞察等方面。在生活中要有一颗善于观察、善于总结、善于比较、善于思考的心。做到眼观六路、耳听八方，不仅要善于把自己看到的记在大脑里，而且要对这些信息加以分析和归纳总结，到用的时候它们便能适时地跳出来，为演讲和交流更好地服务。

6. 良好的记忆力

记忆力是构成个体智力的重要因素，但它并非先天禀赋，后天的锻炼对它起着至关重要的作用。因此，要想有好口才，平时要学会巧妙地运用记忆规律，掌握记忆技巧，以增加知识储备，最终实现临场演讲的出色发挥。

（四）口语表达中常见的心理障碍及其克服方法

人们在口语表达过程中常会存在一些心理障碍，它们会阻碍口才的正常发挥。常见的心理障碍及其克服方法如表 1-2-1 所示。

表 1-2-1　常见的心理障碍及其克服方法

常见的心理障碍	特征	克服方法
羞怯	（1）气质性羞怯，即生来性格内向，见到生人就面红耳赤、心生胆怯 （2）认识性羞怯，即生怕自己因言行不当而被人耻笑，说话做事都要有绝对的把握才敢行动，不敢冒险 （3）挫折性羞怯，即由于种种主客观因素遭受过口语表达的失败和挫折，并难以走出失败的阴影，逐渐对口语表达失去了勇气和信心	（1）了解并积极接纳自己的内向性格，不要因为羞怯而自责。每个人都有自己独特的性格和价值，内向也是一种优势，比如细心、沉稳、善于思考等 （2）从简单的社交场合开始，逐步增加与人交往的频率和难度。例如，先从与熟悉的人交流开始，然后逐渐扩展到与不太熟悉的人交流 （3）记录自己在社交场合中的进步，无论大小。这些记录可以让你看到自己的成长，增强自信心 （4）每次社交活动后，总结自己的表现，找出成功和不足的地方。从成功中汲取经验，从不足中吸取教训，不断调整自己的方法和策略 （5）可以通过阅读相关书籍、参加沟通技巧培训课程或观看在线视频来提升自己的沟通能力 （6）提前准备好你的演讲或沟通内容，多次练习，确保你对内容非常熟悉。提前熟悉场地，了解设备的使用方法。进行彩排，模拟正式场合的环境和流程
过度紧张	过度紧张者会出现一系列生理反应，包括心律、血压的变化及呼吸系统、胃肠道的反应等，表现为眉毛紧皱、心跳加快、脸涨得通红、手心出汗、两腿发软等。在台上时，时常会出现声音发颤、表情呆滞、语调失常、动作僵硬、心慌意乱、语言颠三倒四等情况	（1）深呼吸放松法。找一个安静的地方，站直或坐直，保持身体放松。慢慢地、深深地吸气，让空气充满你的肺部，感受腹部的膨胀。暂停一两秒钟，然后慢慢地呼气，感受腹部的收缩。重复这个过程，每次吸气和呼气的时间尽量保持一致，持续 3—5 分钟 （2）渐进性肌肉放松法。找一个安静的地方，坐下或躺下，闭上眼睛。从脚部开始，逐渐收紧每个肌肉群，保持 5—10 秒钟，然后突然放松，感受肌肉的松弛。按照以下顺序进行：脚、小腿、大腿、臀部、腹部、胸部、手臂、肩膀、颈部、面部。每个部位重复 2—3 次，整个过程持续 10—15 分钟 （3）积极自我对话。如：我准备得很充分，我能做到 （4）想象调节法。找一个安静的地方，闭上眼睛，想象自己在台上表现自如的场景，包括观众的反应、自己的表情和动作。尽量让这个场景变得生动和具体，感受自己在台上的自信和从容。每天练习 5—10 分钟，持续一周以上

续表

常见的心理障碍	特征	克服方法
过度紧张		(5) 转移注意力。在台上时，如果感到紧张，可以将注意力转移到观众的反应上，观察观众的表情和反应，调整自己的表达方式，让观众更感兴趣；也可以将注意力转移到自己的表达内容上，专注于传达信息，而不是自己的情绪 (6) 适当运动。在演讲或表演前，进行一些轻度的运动，如散步、慢跑、伸展运动等
自卑	因认知歪曲而形成对自我价值的消极评价，并由此产生自我否定的态度和自惭形秽的情绪体验	(1) 形成正确的自我评价。实事求是地评价自己，接受自己虽不完美但依然值得被尊重和被爱 (2) 列出自己的优点和长处，如细心、有耐心、有创造力等，并在日常生活中多关注这些优点。每次发现自己有积极的表现时，给予自己一些积极的反馈 (3) 找到一些支持你的人，如家人、朋友或同事，让他们知道你在努力提升口才和自信心，他们可以给予你鼓励和支持 (4) 保持良好的身体姿态，如挺胸抬头、肩膀放松。这种身体语言不仅能让你看起来更自信，还能在心理上增强你的自信心
表现欲过强	一个人对自己的口才能力期望过高、表现欲望过于强烈：有的演讲者为炫耀自己的知识和才能，在演讲中忘乎所以，滔滔不绝，极度渴望得到掌声和喝彩声；有的演讲者事前沉浸在成功的幻想当中，一旦演讲失败或评价不高，就会情绪低落、郁郁寡欢，或者变得气急败坏、恼羞成怒，难以控制情绪	(1) 调整期望值。设定合理目标，如将目标设定为“尽力而为，做到最好”，而不是“必须完美无缺”。这样可以减少因期望过高而产生的心理压力。将注意力集中在演讲或表达的过程中，而不是最终的结果。享受表达的乐趣，而不是过度关注他人的评价 (2) 正确看待荣誉与成功。不要急功近利，对荣誉产生奢望与贪婪。如果想通过表现自己、出风头来得到荣誉，结果可能会适得其反 (3) 正确评价自己。理性看待自己，不自视甚高、故意卖弄 (4) 适度宣泄情绪。在演讲后，如果感到情绪低落或愤怒，可以找一个安静的地方，通过写日记、运动或与朋友倾诉等方式宣泄情绪

小贴士

进行积极自我对话的常用语句

当你察觉到自己有消极的自我对话时，如“我做不到”“我总是失败”等，立即用积极的语句替换，如“我可以做到”“我正在进步”等。以下是一些常用的积极自我对话语句，你可以根据自己的需要进行选择和使用：

1. 我今天感觉很好，我很开心。
2. 我有能力完成这个任务。
3. 我值得拥有成功和幸福。
4. 每一次的压力都是我成长的机会。
5. 失败只是暂时的，我会从中汲取经验，下次会做得更好。
6. 我每天都在朝着我的目标前进。
7. 我有自己的优点和长处，我为此感到自豪。

任务3 口才思维训练

学习目标

- **知识目标**

1. 能够说出思维与口才的关系。
2. 能够说出主要的口才思维方式。

- **技能目标**

能够灵活运用发散思维、聚敛思维、形象思维、逻辑思维、逆向思维，让表达更全面、精辟、形象、严密、新颖。

- **素质目标**

能够打破思维定式，学会灵活应变，培养创新能力。

- **思政目标**

1. 能够具备严谨细致的工作态度。
2. 能够积极主动探索创新。

课前学习任务

郑县人卜子使其妻为裤，其妻问曰："今裤何如?"夫曰："象吾故裤。"妻子因毁新，令如故裤。

想一想妻子为何把新做的裤子毁成旧的，并把思考结果写在课前任务反馈的横线上。

一、课前任务反馈

____

____

____

____

____

____

____

____

____

二、课中活动

（一）导航

课间，小张同学急匆匆跑进教室，对小李说："哎，小李！那什么……明天下午有件重要的事情，千万别迟到啊。提前准备好服装，地点好像是在操场还是在活动厅，我记不太清楚了。反正这件事非常重要，你必须来！这是班长让我通知你的。另外，今天下午还要去彩排。"

思考：结合思维与口才的关系，谈谈这个案例中小张存在的问题。

____

____

____

____

____

（二）各个击破

1. 发散思维与口才

一只鸿鹄飞落到一口井边，井底的青蛙对鸿鹄说："别人都说我是井底之蛙，其实我也向往碧海蓝天，但是我没有翅膀，出不去啊！"鸿鹄对青蛙说："其实你有很好的游泳技能和弹跳能力，在下雨天井水上涨的时候，只要奋力一跳，就能跳出井底了，何不尝试一下？"

请谈谈这个故事给你的启示。

____

____

____

____

____

2. 聚敛思维与口才

我最近参加了一个非常特别的会议。这个会议是关于我们公司未来五年的战略规划的。我们讨论了很多内容，包括市场趋势、竞争对手分析、产品创新、技术升级、供应链优化、客户服务改进，以及员工培训和发展。我们甚至还讨论了如何通过社会责任项目来提升公司形象。这个会议持续了整整两天，每天从上午8点开始到下午5点结束，每个人都非常投入，积极参与讨论和发言，提出了很多富有创意的想法。我们最后决定成立一个特别工作组来跟进这些讨论的结果，并制订具体的行动计划。我真的觉得这个会议非常成功，它为我们公司未来五年的发展指明了方向。

请对这段话进行概括。

____

____

____

____

____

3. 形象思维与口才

青春是什么？请用形象的语言来表达。

示例：青春是一轮初升的太阳。

____

____

4. 逻辑思维与口才

（1）以下语言表达犯了何种错误，请指出并修改。

同学们要加强对专业课、公共课、体育课的学习。

如果大家都动手大搞卫生，那么我们的健康和疾病就有了保障。

我基本上完全同意他的意见。

我认为牛肉的味道非常鲜美，因为它含有丰富的营养元素。

（2）请梳理下面这段话，使其逻辑清晰、层次分明。

我们图书馆的藏书非常丰富，数量也很多，如有诗歌类图书 5 万册，小说类图书 15 万册。还有自然科学类图书 20 万册。藏书分成马克思列宁主义、毛泽东思想，哲学，社会科学，自然科学，综合性图书 5 个类目，共计藏书 110 万册。藏书量最高的是社会科学类图书，有 50 万册，尤其是这一类目下的文学类藏书量较高。自然科学类图书藏书量位列第二。

5. 逆向思维与口才

从逆向思维角度解释“东施效颦”“忠言逆耳利于行”。

示例：班门弄斧

实际意义：比喻在行家面前卖弄本领，讽刺的意味很明显。

逆向思考：弄斧应到班门，比喻向技艺高超的人学习，能更快提升自己，可以少走弯路，与“下棋找高手”有异曲同工之妙。

（三）综合实战

故事接龙训练

活动提示：由老师或一个同学先讲一个故事的开头，然后按次序每人讲一小段与之前故事内容相承接的话，要求生动有趣、逻辑严密、立意深刻。

三、课后活动

搜集你觉得有创意的广告语，分析其使用了何种创意技巧，并使用这种技巧给某个产品写一条广告语。

四、知识链接

（一）思维与口才的关系

人类思维的发展和语言能力的发展是同步的，这决定了口才与思维是密不可分的。自从人类用语言反映事物开始，语言与思维的关系就成了中心问题。古希腊哲学家亚里士多德曾经说过，语言是思维范畴诸多经验的表现。

一个人口语表达能力的高低取决于其思维能力的强弱。口语表达能力的提高，在很大程度上得益于思维能力的提高。

1. 思维越开阔，表达方式越丰富

思维的开阔性，是指在表达一个事物、一个观念时，能够在多大范围内联想起别的事物、观念和问题，以及联想数量的多少。也就是说，考虑问题时要思路宽广、联系广泛，能把事物放在广阔的时间、空间和复杂的环境中去考察、认识，从而能全面而深刻地反映事物的现象与本质、内因与外因、过去与未来等多种联系。

在日常生活中，我们常常发现，某些人在谈话中思维跨度很大，能够海阔天空地联想；而有些人语言枯燥乏味，只能在一个问题上绕来绕去，思路总是打不开。从口才方面来说，确定了一个表达对象后，当然就要围绕着它来思考。但是，这个对象和哪些因素有联系呢？它总不会孤零零地存在。这就要求人们在思考过程中，破除各种思维定式，增加各种可采用的角度，扩大思考范围，把它放在更广阔的背景里予以考察，从而发现更多可以表达的内容。扩展思维广度，就意味着增加思维角度。增加思考对象，等于得出一个问题的多种答案。从实际的口才技巧来看，数量上的多并不意味着质量上的优，但角度上的广意味着可供挑选的余地大、论证的层次丰富。由此看来，思维开阔是好口才的第一标准。

2. 思维越深刻，表达越有深度

思维深刻是口才好的一个重要方面。我们常常发现，有些人谈话很深刻，能够追本溯源，达到一个问题的最深层次；有些人谈话则只能浮于表面，极为牵强。这样的差异与思维的深刻性有着密切的关系。思维的深刻性主要表现在对事物的分析、综合、比较、抽象、概括等方面。思维深刻的人，能做到去粗取精、去伪存真、由表及里、由此及彼，还能透过现象抓住本质，从事物的现状把握它的发展过程，从具体领域进入到抽象领域，从原因探索结果，或者反过来从结果追溯原因，最终得出科学的结论。

3. 思维越精确，表达越严谨

思维的精确性是由思维的确定性和思维的严密性两部分构成的。思维的确定性是指思想明确，主要包括概念、判断的确定性，论题的确定性，观点的确定性，等等。只有思维在各个层次上都确定无误，才能保证口头语言的准确性和鲜明性。

思维的严密性就是思考问题全面、周到、细致，能科学地反映事物的多面性、发展性和复杂的联系性。它直接影响着口才的严密性、论证性和逻辑性。口头语言中出现的语无伦次、条理不清、层次混乱、观点与材料不统一、论据不足、牵强附会，甚至破绽百出等问题，多是因为思维缺乏严密性，考虑问题不够周密。

4. 思维越敏捷，表达越流畅

思维的敏捷性是好口才的重要保障。思维的敏捷性体现在口才上就是能够迅速地对事物进行分析、综合、比较、分类、抽象、概括和具体化。这些思维过程和结果是直接通过语言系统来实现的。语言流畅如行云流水，是因为思维敏捷。那些张口结舌、言语滞涩和满口的冗词赘语，多是由思维的迟钝造成的。

因此，想要提高口才就必须注意培养对事物的反应速度及出口成章的能力。

要想培养这种能力，一要增加自己的知识积累；二要保持冷静的头脑，在任何场合讲话都能从容不迫、自如发挥；三要大量实践，不断磨炼、持续提高。

（二）思维在口才上的运用

1. 发散思维与口才

发散思维又称辐射思维或求异思维。它是通过对已知信息进行多方向、多角度、多渠道的思考，从而洞察新问题、探索新知识或发现多种解答、得出多种结果的思维方式。发散思维的本质特征是它的求异性。它不拘泥于既定的解释，力求围绕问题寻求新的变化，因而要求思维敏捷、迅速、流畅、开阔，这也正是发散思维的特点。只有具备这样的发散思维，我们说出的话才会丰富生动、富有新意和创造性。

2. 聚敛思维与口才

聚敛思维也叫求同思维，它基于已有的知识经验，在大量现实信息的基础上，朝着一个方向去思考，得出一个最优结论。具体而言，聚敛思维是在大量发散思维收集材料的基础上，通过分析、比较、判断来选择最有价值的设想，好比一个人面对四通八达的交叉路口，要设法找到一条通向目的地的最佳路线。

聚敛思维一般有同一性、程序性、比较性三个特点。同一性指的是它作为一种求同性思维，习惯从过去的知识经验中引出解决问题的办法，试图用“老办法”应对问题。程序性是同一性在严格性上的表现。由于聚敛思维总是从单一角度考量问题，所以这一过程被赋予了严格的程序，如先做什么、后做什么，一步接着一步，使问题的解决有章可循。比较性是指它以一个目标为归宿，即在现有的几种途径、方案、措施中，通过比较，寻求一个比较合适的途径、方案、措施。

在口语表达中，强化聚敛思维，可以使口语表达更精辟简练，我们要善于将大量琐碎的内容，用高度凝练的语言概括成简短的话语。

3. 形象思维与口才

形象思维是以形象为载体的思维活动。其表现形式有两种：第一是想象，第二是联想。

想象，是指以客观事物和已有的知识、经验、信息为依据，灵活运用多种思维方式，形象化且创造性地构思出新的图景。爱因斯坦说过：“想象力比知识更重要，因为知识是有限的，而想象力概括着世界上的一切，推动着进步，是知识进化的源泉。”可以说，每一种假说都是想象力发挥作用的产物，任何事物的任何一次创新，都是借助想象力开始的。

联想，是指由某人或者某事而想起其他相关概念的思维过程和方法。联想实际上是对头脑中已有各种表象的一种重组，能在思维中把割断了联系的，甚至是风马牛不相及的事物重新联系起来。比如，牛顿发现万有引力就是联想的结果。

苹果掉到自己头上后，他产生了联想：月亮为什么不会坠落到地球上呢？于是他把地球上的物体与太空中的星体联想到了一起，从而证明了万有引力定律。

在口语表达中，强化形象思维，能极大地丰富语言，让表达形象生动，突破语言枯燥、抽象、凝重等桎梏。

4. 逻辑思维与口才

逻辑思维又叫抽象思维，是一种基于抽象概念的思维形式，它通过符号信息处理进行思维。也就是说，逻辑思维是运用概念、判断、推理的逻辑形式进行思考的思维方式。

讲话要严格遵循逻辑规律，逻辑规律要求人们在思考问题和表达思想时，保持同一性，不能自相矛盾、模棱两可，且须有充分依据支撑。严密的逻辑性是讲话的总体表现和核心要求，必须贯穿讲话的全过程，体现在讲话的每一个环节。

5. 逆向思维与口才

逆向思维也叫求异思维，它是对司空见惯的、似乎已成定论的事物或观点进行反向思考的一种思维方式。我们要敢于“反其道而思之”，让思维向对立面延伸，从问题的相反面进行深入的探索。

逆向思维是一种启发智力的方式，它有悖于常规思维习惯，能让人“不走寻常路”。在口语表达中运用逆向思维，可打破常规思维方式，说出出奇制胜、发人深省的话语。

小贴士

学会使用思维导图

思维导图是一种图形化的思维工具，通过中心主题和分支节点来组织和展示信息，可以帮助我们梳理思路、记忆信息和激发创意。以下是思维导图的结构要点。

(1) 中心主题：思维导图的中心是核心主题或主要概念，所有分支都围绕这个中心展开。

(2) 主要分支：从中心主题向外延伸的主要分支，代表核心内容或主要类别。

(3) 次级分支：从主要分支进一步延伸的次级分支，用于细化和扩展主要分支的内容。

(4) 关键词和短语：每个分支上都使用关键词或短语，而不是长句子，以保持简洁和清晰。

(5) 图形和颜色：使用图形和颜色来增强记忆和视觉效果，使思维导图更加生动和易于理解。

项目二 登台演讲

演讲口才已成为大学生文化素质和职业技能训练的重要内容。能够从容不迫、大方自信、富有逻辑地演讲，收获他人的赞许和肯定，进而获得机会，已是大学生成长的必修课。因此，学习和掌握一些登台演讲的相关知识和技巧非常必要。

任务1 演讲认知及技巧训练

学习目标

- **知识目标**

  1. 能够说出演讲的基本技巧。
  2. 能够说出即兴演讲的特殊技巧。

- **技能目标**

  1. 能够运用两种及以上演讲技巧进行命题演讲。
  2. 能够使用即兴演讲常见的框架模式。

- **素质目标**

  1. 能够在公众场合大方发表演说。
  2. 能够有正确的见解和立场。

- **思政目标**

  能够坚定理想信念，积极弘扬爱国主义精神。

课前学习任务

我们在哪些情境下需要用到演讲技巧？请将答案写在课前任务反馈的横线上。

一、课前任务反馈

二、课中活动

（一）导航

阅读甲、乙、丙三位同学的《诚信是金》演讲稿开头部分，思考他们运用了什么技巧？这些技巧的优点是什么？

同学甲

尊敬的各位老师、亲爱的同学们：

大家好！

诚信是春天里的一缕春风，能吹开人们心灵的花朵；诚信是夏日里的一场甘霖，能滋润人们干涸的心田；诚信是秋天里的一串果实，能让人们获得丰收的喜悦；诚信是冬日里的一缕阳光，能温暖人们冰冷的心房。

同学乙

尊敬的各位老师、亲爱的同学们：

大家好！

今天，我给大家带来一个谜语："有则招人爱，无则惹人嫌；有则如金似玉，无则如土似泥。"同学们，你们猜到是什么了吗？没错，就是诚信。那么，诚信究竟为何如此珍贵呢？

同学丙

尊敬的各位老师、亲爱的同学们：

大家好！

我想先跟大家分享一个故事。

在元末明初，有一个叫宋濂的人，自幼好学，却因家境贫寒而买不起书，只好找有藏书的人家借书来看。为了便于日后细细琢磨，他便一字一句地抄录。江南的冬日寒气逼人，砚台结冰，手指也冻僵了，他却从不懈怠。抄完书后，他马上跑着去还书，从不耽误期限。一次，他借到一本书，约定在三日之内归还。可恰巧此时下起了鹅毛大雪，待到第三日雪还未停，宋濂便冒雪前往还书。主人见他如此守信，深为感动，此后便将更多的书借给他，使他得以博览群书，终成一代文豪。

____

____

____

____

____

（二）各个击破

从下列演讲题目中任选一个，完成任务。

我的大学，我的中国梦/成功源于行动/时间：最宝贵的财富

（1）设计一个叙述式开头。

____

____

____

____

____

（2）设计一个问式开头。

____

（3）设计一个抒情式开头。

（4）设计一个直观式开头。

（三）综合实战

请按照以下要求，结合人工智能，撰写一篇3分钟的演讲稿。

（1）任选当代大学生喜欢谈论的话题或现象为主题。

（2）至少运用3种演讲技巧。

（3）结合戴尔·卡耐基的“魔术公式”，或“要点、特点、闪光点”构思模式，或“三么”框架进行内容组织。

三、课后活动

小组内分享自己的演讲稿，并评选出优秀作品登台演讲。

____

____

____

____

____

四、知识链接

（一）演讲的含义

演讲，又称演说、讲演，是指在特定的情境中，演讲者借助有声语言（讲）和态势语言（演）为艺术手段，面对广大听众郑重地发表见解、提出主张和抒发情感，以期感召、听众、教育听众的一种高级口语交际形式。在此过程中，以“讲”为主，它是演讲者思想感情的载体；以“演”为辅，它作用于听众的视觉感官，使听众产生与听觉同步的效应，从而强化有声语言的表达效果。

（二）演讲的种类

演讲的种类因划分方法不同而呈现多样性，具体如表 2-1-1 所示。

表 2-1-1　演讲的种类

划分方法	种类
按内容分	政治演讲、学术演讲、诉讼演讲、社会生活演讲、宗教演讲等
按风格分	慷慨激昂型、情感深沉型、哲理严谨型、明快活泼型等
按演讲场所分	街头演讲、法庭演讲、课堂演讲、教堂演讲、大会演讲、宴会演讲、广播演讲、电视演讲等
按演讲方式分	读稿式演讲、脱稿式演讲、提纲式演讲、即兴演讲等

（三）演讲稿的撰写

演讲稿是为演讲所准备的书面材料，写好一篇演讲稿，必须做好以下几点。

（1）了解听众，有的放矢。

（2）选题立意，确立题目。

（3）收集整理，选好材料。

（4）拟定结构，编写提纲。

（5）锤炼语言，写作讲稿。

（四）演讲的基本技巧

1. 叙述式

演讲者讲述新近发生的奇闻怪事、令人震惊的重大事件或生动感人的故事，由于故事具有情节生动、内容新奇等特征，容易赢得听众的关注，并能制造悬念，激发听众的兴趣。如有一篇叫为《救救孩子》的文章就叙述了一件具体事件：

《新民晚报》披露了这样一个事实：一个四年级小学生每天要带父母亲手剥光了壳的鸡蛋到学校吃。有一次，父母忘了给鸡蛋剥壳，差点难为坏了孩子。她对着鸡蛋左瞅右看，不知如何下口。结果只好将鸡蛋带回。母亲问她怎么不吃，孩子回答："没有缝，我怎么吃！"

用故事激发兴趣的开头，要注意以下几点：

第一，叙事尽量简明扼要，短小精悍。

第二，故事本身要与中心论题密切相关。

第三，故事能激发听众的兴趣。

2. 问式

演讲者在演讲稿中可设问、反问，触发听众亢奋的神经元，迅速地唤起听众的兴趣和注意力，拉近与听众的距离，引发深思。同时，提问能加深听众对问题的记忆和理解。如复旦大学曾经举办以"青年与祖国"为主题的演讲比赛：

当时会场十分嘈杂，有一名同学上台用演讲的开头立即扭转了混乱局面，紧紧抓住了听众的心。他说："青年朋友们，我想提个问题：谁能用一个字来概括青年与祖国的关系？"

3. 抒情式

演讲者在演讲稿中一再渲染气氛，以情感人，使听众迅速受到情绪感染，注意聆听演讲内容。这种方式多采用排比、比喻、比拟等修辞手法，多用诗化的语言，也可引用名言警句、诗词歌赋，有的直接穿插歌曲，因而自然优美，形象生动。如北京大学谢冕教授在桂林的演讲：

"桂林的山来漓江的水，祖国的笑容这样美"，这是当代诗人贺敬之写的桂林山水诗。我以前读这诗的时候，心中就充满了对桂林山水的无限向往之情。如今，当我有幸饱览美如仙境的桂林山水后，心中又涌出了陈老总（陈毅元帅）的诗句："不愿做神仙，愿做桂林人！"因为桂林人不仅生活在仙境之中，而且桂林人的心灵，尤其是青年学生们的心灵亦如仙人一般纯洁善良，如漓江水一样清亮照人……

4. 直观式

这种方式可通过展示实物、道具、多媒体、实验过程、游戏等，给观众一个深刻的直观印象，并借助这种展示，提出或阐述自己的见解。如有一位日本教授给大学生演讲：

面对台下口若悬河、讲话滔滔不绝的大学生们，他没有急于宣布他的演讲主题，而是从口袋里摸出一块黑乎乎的石头，说："在日本，只有我才有这一块。"当同学们都伸长脖子想看个究竟的时候，这位教授才说，这块石头是他从南极探险带回来的，并开始了关于南极探险主题的演讲。

（五）演讲的框架结构

（1）卡耐基的"魔术公式"。

美国著名演讲理论家卡耐基提出的"魔术公式"包含如下要点：

第一，尚未涉及演讲核心之前，先援引具体的实例，把你想让听众知晓的信息透露出来。

第二，提出观点，用清晰的语言阐述主旨、要点，将要让听众去做的事，明白地说出来。

第三，说明理由，进行分析，采取集中攻破的方式来处理。

如演讲者想要听众为贫困儿童慷慨解囊，可以先描述一个因缺乏经济援助而生命垂危的病例，为后续行动倡议做铺垫，再进行有目的的演讲。

（2）"要点、特点、闪光点"模式。

这种模式的特点是参加各类活动时养成边听边思考的习惯，随时注意用"三点"（要点、特点、闪光点）的模式进行思考，随时做好即兴演讲的准备——如果现在让你讲话，你讲什么、怎么讲。一般总结性即兴演讲可以综合运用该"三点"，中场性即兴演讲可选用其中某一点（特点或闪光点）。

（3）"三么"模式。

在即兴演讲前短暂的准备时间里，快速思考三个最基本的问题，即"是什么""为什么""怎么办"。

小贴士

演讲小妙招

（1）掌握好"我"与"你（你们）"的比例。演讲中用一次"我"就要用十次"你（你们）"。

（2）用好"想象"这个词。"想象一下，三年前，新的体育馆落成，我们的队员刚刚获得他们的第一个篮球冠军……""想象"这个词具有不可思议的力量，因为它让演讲变成了互动式的交流，让演讲更生动、有感染力。

任务2 态势语训练

学习目标

- **知识目标**

  1. 能够识别相应的态势语，包括表情、体态、手势。
  2. 能够说出手势的分区。

- **技能目标**

  能够设计并运用与演讲内容相匹配的态势语。

- **素质目标**

  能够展现端庄、稳重、大方的态势语素养。

- **思政目标**

  能够体现中华民族尊重、平等、和平、友善的礼仪内涵。

课前学习任务

请在课前任务反馈的横线上画出你在社交软件上常用的表情符号，并说明其含义。

一、课前任务反馈

____

____

____

____

____

二、课中活动

(一) 导航

游戏“你来比画我来猜”

(游戏规则：随机挑选学生用无声语言表达成语或短语，其他学生进行猜测)

游戏结束后，请回答：

1. 什么是态势语？

2. 为什么要学态势语？

（二）各个击破

1. 表情语言

（1）快速浏览知识链接部分，回答演讲中常用的目光交流方法有哪些，并进行展示。

（2）世界上唯一一个庆祝人类表情的节日是什么？回答并展示该表情。

2. 体态语言

（1）体态语言包括哪些方面？

（2）观察同学的行姿和说话时的站姿、坐姿，找出不良身姿，当场纠正，并做简要记录。

3. 手势语言

（1）手势可以分为几个区？每个区的范围是什么？不同的区的含义有什么不同？

（2）手势有哪些基本形式？这些形式通常表示什么含义？回答并展示。

（三）综合实战

1. 为下列句子设计合适的态势语

（1）大家才是最棒的。

（2）今天，我们应该做些什么呢？

（3）山重水复疑无路，柳暗花明又一村。

（4）人生的价值在于奉献，生命的真谛在于创造！

（5）团结就是力量！

（6）我的观点是：不为失败找理由，要为成功找方法。

（7）一分耕耘，一分收获。

（8）我们要抓住这个发展机遇。

2. 给自己的演讲稿搭配合适的态势语

3. 班级演讲比赛

评分标准可参考表 2-2-1。

表 2-2-1　演讲比赛评分表

分类	评分标准	1 号选手	2 号选手	3 号选手	……
演讲内容（3 分）	观点鲜明，主题深刻，思路清晰，事迹感人（2 分）				
	角度新颖，给人启发（1 分）				
演讲技巧（5 分）	普通话标准，声音洪亮，表达流畅（2 分）				
	语言生动、幽默，富于感情（1 分）				
	态势语运用得当（2 分）				
演讲效果（1.5 分）	演讲精彩有力，具有鼓舞性、说服力（1 分）				
	精神面貌好，仪表风度佳（0.5 分）				
演讲时间（0.5 分）	演讲时间为 2—3 分钟（0.5 分） 不够 2 分钟和超过 3 分钟的酌情扣分				
总分					

三、课后活动

搜集你认为非常精彩的演讲视频，节选其中的一部分进行模仿，并录制成视频提交。

四、知识链接

（一）态势语的含义

态势语，又叫人体语言、肢体语言、动作语言，是通过目光、表情、手势、姿态和服饰等，配合有声语言一起传递信息、交流思想的辅助性语言工具，属于伴随语言。

（二）态势语的种类

态势语分为两大类：一类是整体态势语，包括身姿语、服饰语、界域语；另一类是局部态势语，包括表情语、体态语、手势语等，如表 2-2-2 所示。

表 2-2-2　态势语一览表

种类	特征
表情语	1. 面部表情自然、与演讲内容保持一致 2. 注意眼神的运用：前视法、环视法、点视法、虚法视、斜视法
体态语	1. 头部姿态：端正、向前、向后、侧位、仰位、垂下、点头、摇头 2. 走路姿态：自然、轻盈、矫健，步子幅度、速度适中 3. 站立姿态：收腹挺胸、两肩平齐，腿要绷直，精神饱满
手势语	1. 活动范围 （1）上区——肩部以上为上区手势，表示积极向上或激昂 （2）中区——肩部到腹部为中区手势，表示客观冷静 （3）下区——腹部以下为下区手势，表示鄙夷、厌恶、决裂 2. 手形 （1）指法——单指、叉指、啄指、抓指 （2）掌法——伸掌、劈掌、合掌 （3）拳法——握拳、挥拳、抱拳 （4）其他——挥臂、背手、双臂交叉、叉腰 （5）模拟——高度、宽度、平面、圆形、写字、照镜子、梳头

（三）运用态势语的原则

现代神经心理学研究表明：人的大脑右半球负责接收形象符号，而左半球则接收声音符号。态势语作为有声语言的辅助手段，两种信号共同刺激大脑皮层，共同影响接受者的思维，能更有效地增强交际的效果。如果运用得当，态势语能为有声语言增色生辉；如果运用不当，就会削弱甚至破坏有声语言的表达效果。因此，在态势语的运用中应遵循相应的原则。概括地说，运用态势语应该做到准确、适度、协调、自然。

1. 态势语要准确

确保态势语与想传达的信息一致。例如，如果你想要表达自信，你应该挺胸抬头、眼神坚定。

2. 态势语要适度

态势语不可不用，也不可滥用。不用，会使语言表达呆板；滥用，则会喧宾夺主，削弱语言的表达效果。一般来讲，态势语大多用在表达意义或情感过程中最主要、最关键的部分。

3. 态势语要协调

态势语应与有声语言在内容和节奏上保持一致。例如，当你说话时，手势的节奏应与语速相匹配，眼神的移动应与说话的内容相呼应。

4. 态势语要自然

态势语应是内心情感的自然流露，而不是刻意做作。自然的态势语会让听众感到真诚和可信。例如，微笑应该是发自内心的，而不是僵硬的。不要生硬地模仿他人的态势语，而应根据自己的风格和习惯来调整。

（四）态势语的运用

手势语运用示例：

（1）我早期的生活经历像流动的小溪。（一只手，手心向上，中区）

（2）让我们奏起欢乐的音乐，跳舞吧！（两只手，手心向上，中区）

（3）他们欢呼：胜利了！胜利了！胜利了！（两只手，手掌竖立，上区）

（4）伟大祖国的广袤大地，为我们这一代青年提供了成才的肥田沃土。我们每一个立志成才的青年，都应成为一颗充满生命力的种子。党把我们撒到哪里（右臂向前平伸，掌心向上，向身体右前方划弧线，做撒种状），我们就在哪里扎下坚实的根（右手前伸，掌心向下，五指向下，分开伸直，作根须扎入泥土状），长出茁壮的芽（右手翻转，掌心向上，五指伸直，捏在一起呈尖芽状），开出灿烂的花（右手上移，五指骤然分开，做花瓣开放状），结出丰硕的果（五指迅速收拢，握成向上的拳头，呈圆圆的果实状）！

小贴士

演讲中常用的两种手势

（1）指向手势：用食指或手掌指向某个方向或物体。

（2）列举手势：用手指依次弯曲来表示列举的顺序，或用双手的手掌来表示不同的分组。

任务3 竞选/竞聘演讲

学习目标

- **知识目标**

  能够说出竞选/竞聘演讲的结构。

- **技能目标**

  能够运用竞选/竞聘演讲的技巧进行演讲。

- **素质目标**

  能够强化竞争意识。

- **思政目标**

  1. 能够突破陈规、大胆探索、锐意进取。
  2. 能够树立干一行、爱一行、钻一行的职业理念。

课前学习任务

阅读《毛遂自荐》的故事，将感受写在课前任务反馈的横线上。

秦国和赵国交战，秦国军队围住了赵国的都城邯郸。赵王派平原君前往楚国，商议订立联合抗秦的盟约，请楚王发兵救赵。

平原君准备从自己的几千名门客中，挑选20名文武双全的人一同前往。挑了19名后，便再也挑不出来了。平原君正为难的时候，忽然有一个门客走上前来自我推荐，说："我听闻前往楚国谈判还缺一人，恳请君侯把我也算上吧!"

平原君抬眼一看，说话的是毛遂，便问道："先生来我这里几年了?""三年了。"毛遂回答道。

"人的才能是有目共睹的，就好像锥子放在布袋里，那锥子尖马上就会显露出来。先生来了三年了，我从来没听说您有什么才能。先生还是留下吧。"

毛遂马上说："我今天就是请求您把我放到布袋中呀。您若早把我放到布袋中，我早就脱颖而出了，不光是露出那么点儿锥子尖呢！请您今天就把我放到随行的人员中吧。"平原君觉得毛遂出言不凡，最终答应了毛遂的请求。

一、课前任务反馈

二、课中活动

（一）导航

学生小田参加班长的竞选，在竞选演讲中，为了突出自己的兴趣爱好广泛，他是这样介绍自己的：

我喜欢打高尔夫球，喜欢海钓，对绘画和园艺也有浓厚的兴趣。打高尔夫球对健康有很多益处，至于钓鱼，我偏爱海钓，因为海钓可以培养耐心。然而，初钓者要注意安全，尤其要小心“疯狗浪”……嗯，我的嗜好非常多，连我自己都搞不清楚，我想就先说到这里结束好了……

结果他竞选失败了。

（1）小田的竞选演讲为什么会失败？

（2）在竞选班长时，应重点介绍哪些方面？

（二）各个击破

根据竞选或竞聘演讲的结构、技巧要求，完成“竞选××学生干部职务”或者“竞聘××工作岗位”的演讲稿。

1. 标题

2. 开场

（1）问好。

（2）自我介绍。

（3）铺垫。

3. 主体

（1）为什么（职务或岗位认知）。

（2）凭什么（竞选或竞聘优势）。

（3）干什么（未来规划）。

4. 结尾

（三）综合实战

请修改下面的竞聘词框架。

首先感激各位领导的支持与帮忙，也感激各位同事对我的关怀，因为你们的信任与支持，才有我站在台上的机会，衷心地向你们说一句“多谢”！

今天我要竞聘的岗位是客户经理，我觉得自己非常适合这个岗位。请大家支持我。

我毕业于××学院××专业，专业知识扎实，专业能力强，这为我担任客户经理打下了坚实的基础。我今年24岁了，年轻，对工作充满激情。

我的演讲完毕，多谢大家！

三、课后活动

整理、完善自己的竞聘演讲稿并尝试制作配套的PPT。

四、知识链接

（一）竞聘演讲的含义

竞聘演讲，指参与竞岗人员为了实现竞争上岗的目标而发表的一种十分具有竞争性和技巧性的演说。竞聘演讲的目的在于推介自己、引导舆论、争取票数。

（二）竞聘演讲的结构

竞聘演讲可分为标题、开场、主体、结尾四个部分。

1. 标题

竞聘演讲的标题种类如表 2-3-1 所示。

表 2-3-1 竞聘演讲的标题种类

类别	构成形式	示例
自拟	文体式标题，即“事项+文体字样”；普通文章式标题	“我为什么竞聘导游”“假如我是班长”
他人拟定	公文式标题，即“事项+竞聘岗位（职务）名称+文体名称”	“竞聘××护士长的演讲（词）”

此外，还有一种正副标题并用的双标题形式，如：

竞争自有良才出，勿以成败论英雄——竞聘人事处处长的演讲词

舌头、大脑与灵魂是主诉检察官的三大法宝——竞聘主诉检察官的演讲词

无论选择哪种标题，都应确保语言简练、表意明确，切忌刻意雕琢、追求花样。

2. 开场

（1）问好：表示对评委和听众的尊重。

（2）自我介绍：一般是介绍自己的个人信息，比如所在单位、处室，以及拟竞聘的岗位。

（3）铺垫：此部分包含必要的客套话。竞聘演讲铺垫的技巧如表 2-3-2 所示。

表 2-3-2 竞聘演讲铺垫的技巧

技巧	示例
致谢法	首先，我要真诚地感谢这次竞聘演讲活动，让我有机会走上竞聘××的讲台
心情表白法	我把这次竞争上岗看作人生道路的第二起跑线，在这里，衷心希望大家能为我鼓劲加油
套近乎法	大家早就熟悉我了，但是今天我想让大家更好地认识我……
提纲挈领法	我的演说内容主要分为三个部分：一是我的个人基本情况；二是我的优势；三是我的未来规划

3. 主体

主体，即演讲的主体内容。这部分用时应该在 5 分钟左右。主体部分是竞聘演讲的关键内容，所占的比重最大，直接关系到演讲效果的好坏。主体应该包括三方面内容，即“为什么”“凭什么”“干什么”，遵循“三一二”法则。在阐述“为什么、凭什么、干什么”时，这三个部分的先后顺序不能乱。

（1）为什么。

为什么即为什么来参加竞聘，也就是竞聘者对职位的认知、对岗位的理解，

以及自己的想法、初衷是什么。关键是要站在领导的角度来看问题，要用更高的格局、更宏观的视野来谈对岗位的认识。具体可以从以下三个方面来展开。

一是有高度。比如，竞聘学校图书馆馆长。如果说馆长的职责仅仅是完成图书馆的日常管理工作，那是远远不够的，还应当上升高度——图书馆是提高教职员工和学生综合素质的重要阵地，是学校精神文明建设的主战场。对岗位的认识有了高度，才能抓住评委和领导的眼球。

二是要全面。比如，竞聘一所学院的院长时，既要认识到院长是学院发展和建设的带头人、教学与管理的负责人等，也要认识到院长不仅是管理者、“领头雁”，而且是服务者，要为师生提供更优质的服务，如创造更优良的工作环境、营造更和谐的氛围等。考虑得更加全面，尤其是能谈出别人谈不到的内容，会使竞聘者脱颖而出。

三是有创新。对大家所理解的岗位职责，提出新的思想观点，或从不同角度阐述自己的认识与见解，能够令听众耳目一新。

（2）凭什么。

凭什么就是竞聘者的资历、资格，以及胜任岗位的条件。比如，你都做过哪些成功案例，有哪方面的特长、优势，等等。这里要把握好一个关键点，那就是“匹配”。也就是说，我们在阐述自己的优势条件时，必须与竞聘的岗位职责要求相匹配。

比如，在竞聘办公室主任时，胜任这个岗位最重要的是协调能力要强，善于沟通，服务意识要强，服务水平要高。如果我们在竞聘时过分强调自己的文字能力和个人勤奋程度，就显得不够精准，因为这些与岗位要求并不完全匹配。正所谓“人岗要相适”，选人最关键的不是选最好、最强的，而是要选最合适的。

（3）干什么。

干什么就是假如竞聘成功后，如何结合岗位职责开展工作，相当于自己的“施政纲领”。在竞聘环节，一般人都会谈具体如何做，这是体现自身实际能力的关键，是展示执行力、说服评委和领导的主要内容。因为这类内容普遍会被提及，所以要注意把握好细节，只有把细节精准呈现，才能获得认同。以下两个细节要注意。

一是要具体。比如，仅说“竞聘处长成功后，我会带领处里同志努力工作、开拓进取，给单位交出一份满意答卷”，这种表态显得较为空泛。不如换成这样：“如果我竞聘成功，我会带领处里的同志做好以下三方面的工作：一是制订详细工作计划，并做好任务分工；二是确保工作落实，增加人力、物力、财力的投入，并签订任务责任书；三是强化工作督查，对照工作标准，采用明察暗访等多种方式。”这样就把空泛的表态说得更加具体，使听众能够清晰地把握工作思路。

二是要有可操作性。在单位内部的竞聘，我们提出来的工作计划一定要切实可行，不能让评委和领导觉得我们是在夸夸其谈。

4. 结尾

竞聘演讲结尾的表达技巧如表 2-3-3 所示。

表 2-3-3 竞聘演讲结尾的表达技巧

表达技巧	具体表述内容
祈求支持法	各位领导、各位评委，请相信我，投我一票！我将是一位合格的处长，我会以实际行动来证明你们的选择没有错
表达信心法	我今天的演说虽然是毛遂自荐，但不是“王婆卖瓜，自卖自夸”。我只是想向各位领导展示一个真实的我。如果我能竞聘上岗，我有信心、有决心把副局长的工作做好
表明态度法	最后，我表个态，如果领导和大家把我推上这个岗位，我将珍惜这个机会，用心、用情、用良心干好工作；反之，不能上岗，我将一如既往，在以后的岗位上尽心、尽力、尽职、尽责。无论结果如何，我都始终会“老老实实做人，扎扎实实做事”。言必信，行必果。谢谢大家
表达谢意法	最后，借此机会，我要向多年来所有关心、帮助、支持和鼓励过我的同事、领导表达最真诚的谢意！谢谢大家

小贴士

做好现场演讲的“三大细节”如表 2-3-4 所示。

表 2-3-4 做好现场演讲的“三大细节”

细节类别	技巧说明
目光交流	不管读稿、脱稿，或讲 PPT、回答问题，都要和评委、领导和同事等听众进行目光交流，这是展现自信的前提
心态调整	学会用体态来影响心态。可以运用深呼吸，步伐轻盈有弹性，双脚踏地，将身体重心落到前脚掌上等方法
应答策略	适用于一时紧张，想不起答题思路的情况，可以用来做思维缓冲。具体有抛球法、带球法和拍球法三种方法。 抛球法指虚心地再请教一遍问题，如：抱歉，刚才您提的问题我没有听清楚，麻烦您再说一遍，好吗？ 带球法指复述一遍问题，如：您好，如果我没有理解错，您提的问题是…… 拍球法指解释基本概念，进而引出灵感

项目三 面试口才

求职应聘是毕业生步入社会、走上工作岗位的“必经之路”。在当今社会竞争日益激烈的背景下，要想找到一份理想的工作，要想在强手如云的求职者中脱颖而出，学习和掌握一些面试口才的相关知识和语言技巧非常必要。

任务1 面试前的准备

* *

学习目标

- **知识目标**

  能够说出面试前的六大准备工作及注意事项。
- **技能目标**

  能够分析和解决面试准备工作中出现的问题。
- **素质目标**

  能够准备充分、大方自信、有礼有节地应对面试。
- **思政目标**

  能够知礼守礼、实事求是、树立并完善职业理想。

课前学习任务

某公司招聘文秘人员，由于待遇优厚，吸引了众多应聘者。小张精心准备了足足10页的个人简历，穿上最喜欢的超短裙，化上浓妆，前往面试。在等候室，小张走来走去，小声背诵个人简历。面试时，小张小跑着进门将她的材料随手递给面试官，然后未经邀请便自行坐下，跷起了二郎腿，面无表情地等着问话，一位面试官问："你对我们公司有哪些了解？"小张低头沉默好一会儿后回答："不怎么了解。"

在这个案例中，小张的面试存在哪些问题？请将答案写在课前任务反馈的横线上。

一、课前任务反馈

二、课中活动

（一）导航

××学院的学生陈明即将毕业，最近他收到了一份助理岗位的面试通知，面试安排在一周后。面试前，他需要做哪些准备工作？

（二）各个击破

1. 头脑风暴

面试前需要搜集哪些信息？

2. 材料准备

面试前，你会准备的材料有（　　）。

A. 求职简历

B. 求职信

C. 就业推荐表

D. 个人证件

E. 毕业证

F. 职业资格证书

G. 技能等级证书

H. 荣誉证书

I. 常见面试题答案（含自我介绍）

J. 其他________________

3. 形象准备

（1）仪容：观察身边的同学，哪位同学的发型、面部妆容最符合面试要求，为什么？

____

____

____

（2）仪表：借助网购平台，将你心仪的面试服装、鞋袜、饰品的截图上传至教学平台。

（3）仪态：抽取部分学生进行面试礼仪模拟演练。

4. 心理准备

面试前如果出现过度紧张的心理状态，你会使用（　　）来缓解。

A. 冥想/想象调节法

B. 积极的心理暗示

C. 深呼吸

D. 活动转移

E. 临场熟悉

F. 饮料摄入

G. 反复演练

H. 按压穴位

I. 其他________________

5. 请完成关于语言习惯的自测

你能达到的打“✓”，不能达到的打“×”，并进一步说明对于没有达到的，将如何改进。

（1）普通话标准。（　　）

（2）吐字清晰。（　　）

（3）语调得体。（　　）

（4）声音自然。（　　）

（5）音量适中。（　　）

（6）语速适宜。（　　）

（7）无口头禅。（　　）

（8）表达简明扼要、条理清晰。（　　）

（9）抑扬顿挫，有节奏感。（　　）

6. 出行准备

面试前需要做好哪些出行准备？

（三）归纳总结

对单项训练中的六大准备进行归纳总结，并以思维导图的形式画在下面的方框内。

三、课后活动

查阅相关资料，了解常见的求职陷阱及其应对方法。

____

____

____

____

____

四、知识链接

（一）面试的含义

面试是一种在特定场景下，经过精心设计，主考官通过与应试者面对面地观察、交谈等双向沟通方式，了解应试者的素质特征、能力状况及求职动机等方面的人员筛选手段。

（二）面试的作用

面试具有以下几个作用：

（1）可以考查到笔试这一筛选手段难以覆盖的内容。

（2）可以综合考查应试者的知识、能力、工作经验及其他素质特征。

（3）可以弥补笔试的不足，并有效地规避掉高分低能者和冒名顶替者。

（4）可以测评应试者多方面的素质。

（三）面试的种类

面试的种类如表3-1-1所示。

表3-1-1　面试的种类

划分方法	种类	形式	特点	一般适用范围
按面试对象的多少分	单独面试	主考官与应试者单独面谈	最普遍、最基本的一种面试方式	在较小规模的单位录用较低职位人员时采用
	集体面试（小组面试）	多名应试者同时面对主考官	小组讨论、相互协作、解决问题、轮流担任领导、主持会议、发表演说等	考查人际沟通能力、洞察与把握环境能力、领导能力等。如无领导小组讨论
按面试内容的设计分	常规面试	以问答形式为主	主考官提问，应试者回答，展示自己的知识、能力、素质和经验	对应试者的综合素质状况做出评价

续表

划分方法	种类	形式	特点	一般适用范围
按面试内容的设计分	情景面试	情景模拟，具体方法灵活多样	突破常规一问一答模式，引入无领导小组讨论、公文处理、角色扮演、演讲、答辩、案例分析等	模拟性、逼真性强，能充分、全面地展现才华，是面试形式发展的新趋势
按面试的进程分	一次性面试	面试集中于一次进行	考官的阵容“强大”，由人事部门和业务部门负责人、人事测评专家组成	最终是否被录用，取决于一次面试表现，必须集中所长，认真准备，全力以赴
	分阶段面试	依序面试	分为初试、复试和综合评定三个阶段	初试主要考查应试者的仪表风度、工作态度、上进心、进取精神等； 复试以考查应试者的专业知识和业务技能为主，衡量应试者是否适合拟任工作岗位； 复试结束后再由人事部门会同用人部门综合评定每位应试者成绩，确定最终合格人选
		逐步面试	由主管领导、处（科）长及一般工作人员组成面试小组，按照小组成员由低到高的层次顺序，对应试者进行面试	低层次以考查专业及业务知识为主；中层次以考查能力为主；高层次则实施全面考查与最终把关 （在面对低层次面试时，不可轻视；在面对高层次面试时，也不必拘谨）
按面试的标准化程度分	结构化面试	面试的题目、实施程序、评价、考官构成等方面都有统一明确的规范	面试程序结构化；面试试题结构化；面试结果评定结构化	如公务员录用、银行、国企统一组织的面试等
	半结构化面试	面试的部分因素有统一的要求	规定有统一的程序和评价标准，但面试题目可以根据面试对象随意变化	如无领导小组讨论等
	非结构化面试	面试的组织非常“随意”，对有关因素不做任何限定	对于面试过程、问题、评分角度与结果办法等，主考官事前没做精心准备与系统设计	如一些企业组织的聊天式的提问面试

续表

划分方法	种类	形式	特点	一般适用范围
按面试的风格分	压力性面试	置于一种人为的紧张气氛中	应试者接受诸如挑衅性、刁难性的刺激	考查应变能力、压力承受能力、情绪稳定程度等
	非压力性面试	较轻松的气氛中		在没有压力的情景下考查应试者有关方面的素质
按面试的提问方式分	引导式面试	主考官向应试者征询某些意见、需求或获得一些较为肯定的回答	“特定”的问题要求做“特定”的回答，涉及薪金、福利、待遇和工作安排等	通过应试者回答问题的水平来测试其反应能力、智力水平与综合素质
	非引导式面试	主考官所提的问题是开放式的，内涵丰富，涉及面较广	没有“特定”的回答方式，也没有“特定”的答案，应试者可充分发挥，尽量说出自己的看法或评论	应试者可畅所欲言，主考官可以获得较丰富的信息，有利于做出较为客观的评价

（四）面试前的准备

1. 长期准备

面试人员通过面试来评估应试者的素质、能力等要素。对于求职者来说，有些素质、能力是需要长期培养的，在短时间内是无法掌握或者提高的，其中包括基础知识及专业知识、职业素养及技能、自我定位及职业规划等。

2. 了解公司及招聘职位、行业状况

通过各种渠道了解公司的方方面面，将有助于求职者在面试回答时做到心中有数、有的放矢。一般来说，针对不同行业的公司，求职者需要了解的层面可能会有所不同。但总的来说，求职者最好要了解公司的历史、发展状况、主要业务、部门架构、主要客户、产品品牌、企业文化、新闻动态、历年的招聘情况等。

求职者在面试前一定要研读招聘职位及其要求，这样既可以在充分了解自己将要承担的工作后，确定是否适合自己，也可以在面试时着重展现与职位要求相符的特长和优势。

此外，求职者对行业现状也要有所了解，诸如目前行业发展态势、行业领先的公司、未来发展趋势等。这样，在回答类似“你为什么选择这个行业”的问题时，才能从容应对、侃侃而谈。

3. 形象准备

作为求职者，面试人员对你的第一印象往往源于你的仪容、仪表、仪态，其中包括发型、面部妆容、着装、配饰、电话礼仪、进门礼仪、递送礼仪、握手礼仪、站姿、坐姿、走姿、退场礼仪等。

4. 求职材料准备

求职材料一般包括简历、求职信、就业推荐表、学习成绩单、相关证书（学历证书、能力证书、荣誉证书等）及其他材料（文学作品、科研论文、美术设计作品、摄影作品及各类小制作、小发明等）。

5. 面试问题准备

多数情况下，面试常常以问答的形式来进行，面试前，求职者可以将面试中常见问题列出来，逐一准备好自己的答案。在没有相关职位往年面试问题参考的情况下，建议从三个方面来准备面试问题：一是与招聘要求相关的问题；二是根据自己的简历内容来预测的问题；三是常规性问题。如果涉及与专业知识和技能相关的问题，则需要在面试前再复习和巩固。

6. 心理准备

应届毕业生在第一次面试时都会有些紧张和怯场，所以面试前要学会调整自己的心态，克服紧张情绪，充满信心，将自己最好的一面展现给面试人员。

7. 语言准备

面试前可以通过多次“预演”来提升表达效果，在这个过程中要注意纠正发音不标准的地方，并做到语气平和、用语谦逊、语调恰当、语速适中、音量适中、表达流畅，避免使用口头禅。

小贴士

面试着装五大禁忌

(1) 过于随意：避免穿牛仔裤、T恤等休闲装，这些通常不适合正式的面试场合。

(2) 过于暴露：避免穿着过于暴露的衣服，如低胸、露背或超短裙等。

(3) 颜色过于花哨：避免穿着颜色过于鲜艳或图案过于复杂的服装，这可能会分散面试官的注意力。

(4) 不整洁：应确保衣物干净、整洁，无污渍、褶皱或破损。

(5) 过于紧身或宽松：衣服应该合身，既不要太紧身也不要太宽松。

任务2 说好自我介绍

学习目标

- **知识目标**

1. 能够说出STAR法则。

2. 能够说出自我介绍“1+3+1”模式。

- **技能目标**

1. 能够运用STAR法则。

2. 能够运用自我介绍技巧，准确、流畅地进行自我介绍。

- **素质目标**

能够客观地进行自我评估，培养抗压能力。

- **思政目标**

能够坚守诚信的道德品质和价值观，实事求是，不弄虚作假，敢于竞争，自强不息。

课前学习任务

请归纳“自我介绍”的运用场所有哪些？将答案写在课前任务反馈的横线上。

一、课前任务反馈

二、课中活动

（一）导航

阅读下面的自我介绍开场白例句，将评价写在横线上。

我叫××，性别男，2000 年出生，家在××市××镇××村，曾经做过送外卖的工作，今天是来应聘导游岗位的。

____

____

____

____

____

（二）各个击破

1. 自我评估

要说好自我介绍，首先要了解自己并正确评估自己，请按照要求填写表 3-2-1、表 3-2-2。

（1）教育、知识领域。

表 3-2-1 教育与知识领域信息梳理表

学校名称	专业	主修课程	掌握的知识和技能	奖学金、证书（技能证书、职业资格证书、荣誉证书等）

（2）实践、实习、工作领域。

要求：采用 STAR 法则进行描述。

表 3-2-2 实践、实习、工作经历的 STAR 法则记录表

序号	Situation（情境）	Task（任务）	Action（行动）	Result（结果）

（3）软技能。

提示：软技能通常由一系列能够反映个人特质的要素组成，这些要素包括一个人的人格特质、社交能力、与人沟通的能力、语言能力、分析能力、领导能力、组织能力等。表3-2-3旨在梳理个人具备的软技能，通过具体经历和事例，展现软技能在实际场景中的运用，辅助求职者精准呈现个人特质与能力。

表3-2-3　个人软技能匹配表

序号	软技能描述	经历描述及事例支撑

2. 了解应聘岗位

表3-2-4旨在整理目标应聘岗位的基本信息，明确岗位职责与招聘要求，为后续匹配自身条件、准备求职内容提供清晰指引。

表3-2-4　应聘岗位关键信息梳理表

岗位名称	岗位职责	招聘要求

3. 找出自我评估中与招聘信息要求相符的部分，并记录在下面的横线上。

（三）综合实战

使用“1+3+1”模式做自我介绍。

活动提示：

小组成员轮流进行自我介绍，并推选代表上台分享。

三、课后活动

优化自我介绍，并录制自我介绍视频。

四、知识链接

（一）自我介绍的重要性

自我介绍是面试中的一个关键环节，通常处于面试的开始阶段，面试者可利用这个机会向面试官介绍自己的背景、经验、技能和个性特点。自我介绍主要考查应聘者的口才水平、应变能力和心理承受力、逻辑思维等综合素养。面试时的自我介绍，既是打动面试官的敲门砖，也是推销自己的绝佳时机，因此一定要好好把握。

（二）自我介绍的结构和内容

自我介绍可以采用“1+3+1”模式，即“一个标签（开头）+三个理由（主体）+一个态度（结尾）”。

（1）让面试官知道你是谁，以及你应聘的岗位。

例如：面试官好，我叫××，毕业于××学校××专业，今天来应聘贵公司的××岗位。

（2）说出能胜任应聘岗位的三个理由。

尽量用事例和数据说话，还可以运用 STAR 法则来描述。

例如：大三时，我到××单位实习了一年，主要负责××工作。我通过××方法，解决了××难题，掌握了××技能。这次经历，我的收获主要有……

（3）表明态度。

例如：我相信我是这个职位的理想人选，非常期待能够为贵公司贡献我的一份力量。

自我介绍结束后，不要忘了道声“谢谢”。

（三）自我介绍的技巧——STAR 法则

STAR，即为 Situation、Task、Action、Result 的首字母缩写。

STAR 法则的第一步，明确相关经历及任务的背景：① 是什么类型的；② 怎样产生的；③ 当时情况如何。

STAR 法则的第二步，明确在相关经历及任务中：① 要达到什么目标；② 完成过程中涉及哪些环节及流程。

STAR 法则的第三步，明确：① 针对这样的情况进行分析；② 决定的行动方式及采取的步骤。

STAR 法则的第四步：描述结果如何。

例如，表 3-2-5 是某同学根据 STAR 法则描述的一段个人经历：

表 3-2-5 STAR 法则运用示例表

要素	Situation（情境）	Task（任务）	Action（行动）	Result（结果）
具体内容	2005 年 10 月，学院举办了大一新生辩论比赛。共有 10 支队伍参赛，各队伍实力相当……	担任小组组长，帮助队员熟悉辩论流程，掌握辩论技巧……	主动收集、整理辩论资料，组织小组学习流程；编制训练题，进行小组模拟训练；根据每个人的特点，分配任务……	领导的辩论小组从 10 支参赛队伍中脱颖而出，最终获得辩论赛冠军，同时自己也获得了最佳辩手的称号

（四）自我介绍的原则

在面试时，自我介绍应遵循真实、独特、相关及简洁四大原则。“真实”是基础，是诚信的体现；“独特”是与众不同、脱颖而出的关键；“相关”是信息准确匹配与传递的保障；“简洁”是指语言简明扼要。

只有将这四大原则结合关键词（Key Words）说话、行为词（Action Verbs）说话、数字（Numbers）说话、结果（Results）说话四大描述方式，才能赢得人力资源（HR）的青睐，具体对应关系如表 3-2-6 所示。

表 3-2-6 自我介绍的原则与描述方式适配表

所具备的（简历）内容	四大原则	四大描述方式	公司关注的（岗位要求）
教育背景	真实	关键词说话	沟通能力
学术成就	独特	行为词说话	分析能力
实习经历	相关	数字说话	团队合作精神
项目经历	简洁	结果说话	抗压能力
社会实践			语言能力
个人技能			职位相关技能

实际上，这四大原则及四大描述方式是相辅相成的。独特的经历必须建立在真实的基础上，简洁必然要求内容与应聘职位、公司需求紧密相关；行为词本身就属于信息关键词中的一类，用结果来表示过去的成就，而数字是最能体现结果的描述方式。

小贴士

自我介绍的注意事项

（1）开门见山，简明扼要，不要超过规定时间。

（2）所突出的长处要与申请的职位有关。

（3）善于用具体事例来证明自己。

（4）保证结构清晰、逻辑顺畅。

（5）合理运用恰当的态势语辅助表达。

任务3 应答训练

学习目标

- **知识目标**

  能够说出面试中应答的常用技巧。

- **技能目标**

  能够运用应答技巧回答面试题。

- **素质目标**

  1. 能够做到谈吐文雅。

  2. 能够正确认识自己、定位自己，树立求职信心。

- **思政目标**

  能够明礼、用礼，以自信乐观的心态、锐意进取的精神迎接挑战。

课前学习任务

每名学生搜集面试中的常见问题及回答技巧，写在课前任务反馈的横线上，不得少于3条。

一、课前任务反馈

二、课中活动

（一）导航

某企业招聘销售顾问，应届毕业生赵文参加了此次面试，以下是他在面试中的应答表现。

面试官：请介绍一下你自己。

赵文：我叫赵文，今年 21 岁，我平时喜欢唱歌、打游戏。

面试官：你的缺点是什么？

赵文：不善于跟人沟通。

面试官：你觉得自己能胜任这份工作吗？

赵文：能胜任。

面试官：你能接受加班吗？

赵文：如果有加班费的话，可以接受。

面试官：你对薪资待遇有什么要求？

赵文：不高，给我 8 000 元以上就行。

假如你是面试官，请你对赵文的应答表现进行评价。

如果你在面试中遇到同样的问题，你会如何回答？

(二) 各个击破

常见问题及回答技巧

活动提示:

(1) 利用学生在课前任务中整理好的面试题，进行现场抢答。

(2) 小组互评。

(3) 教师总结技巧。

(三）综合实战

模拟面试

活动提示：

（1）布置模拟面试会场，抽签决定参与人员及上场顺序。

（2）面试官及时记录每位求职者的面试情况，将评价和建议写在横线上，活动结束后给予反馈。

（3）每位观众都要将面试全程的感受或个人表现优劣的看法写在横线上，教师随机抽取同学发言。

三、课后活动

面试之后，回想一下自己的表现如何。回答表 3-3-1 中的 10 个问题，可以大致评估自己面试成功的概率。

方法：

回答时用 1—10 来代表你曾做到的程度。每题最高分为 10 分，总共 10 题，总分为 100 分。得分越高，说明面试成功的概率越高。假如得分不理想，则说明需要不断提高自己的面试技巧。

表 3-3-1　评估表

序号	评估项目	得分
1	我是否让自己的外表看起来舒服	
2	面试后我对这家公司的了解与先前的了解相符合的程度有多大	
3	我在面试时是否能保持状态轻松并自如应对	
4	我在回答问题时是否在强调三件事：我的能力、我的意愿与我对工作的适应性	
5	我是否一直都在专心倾听面试官说话	
6	我是否能将问题引导到我想强调的重点上	
7	我的察言观色能力如何	
8	面试官对我的回答是否感兴趣并积极互动	
9	我是否对回答的内容加以修正，以配合面试官个人的调查	
10	我是否将自己的能力和优点精确并正面地描述出来	
总分		

四、知识链接

（一）面试测评的主要内容

从理论上讲，面试可以测评应试者的各类素质，但由于人员甄选方法务有其优势和局限，所以要扬长避短、综合运用，否则就很可能事倍功半。因此，在实际的人员甄选过程中，我们并不是以面试去测评一个人的所有素质，而是有选择地用面试去测评它最擅长的内容。面试测评的主要内容如下。

1. 仪表风度

这是指应试者的体型、外貌、气色、衣着举止、精神状态等。像教师、公关人员、企业经理等职位，对仪表风度的要求较高。研究表明，仪表端庄、衣着整洁、举止文明的人，通常做事有条理、注重自我约束、责任心强。

2. 专业知识

应了解应试者掌握专业知识的深度、广度及其专业知识更新是否符合所要录用职位的要求，以此作为对专业知识笔试的补充。面试对专业知识的考查更具灵活性和深度，所提问题也更接近空缺岗位对专业知识的需求。

3. 工作实践经验

一般依据应试者的个人简历或求职登记表进行相关的提问。通过了解应试者的背景及过往工作的情况，补充、核实其实际具备的实践经验，掌握其工作经历与实践积累。同时，借此考查应试者的责任感、主动性、思维能力、口头表达能力及遇事时的理智应对表现等。

4. 口头表达能力

在面试中，关注应试者能否顺畅地用语言表达自己的思想、观点、意见或建议。考查的具体内容包括表达的逻辑性、准确性、感染力，以及音质、音色、音量、音调等。

5. 综合分析能力

在面试中，观察应试者对主考官所提出的问题时能否通过分析抓住本质，做到说理透彻、分析全面、条理清晰。

6. 反应能力与应变能力

在面试中，主要观察应试者对主考官所提问题的理解是否准确，回答是否迅速、精准等；面对突发问题，反应是否机智敏捷、回答是否恰当；对于意外事情的处理是否得当、迅速等。

7. 人际交往能力

在面试中，通过询问应试者经常参与哪些社团活动，喜欢同哪种类型的人打交道，在各种社交场合扮演什么角色，可以了解其人际交往倾向和与人相处的能力。

8. 自我控制能力与情绪稳定性

自我控制能力对于国家公务员及许多其他类型的工作人员（如企业的管理人员）尤为重要。一方面，在遇到上级批评指责、工作压力或个人利益受到冲击时，能够克制、容忍、理智地对待，不因情绪波动而影响工作；另一方面，工作时要有耐心和韧劲。

9. 工作态度

一是了解应试者对过去学习、工作的态度；二是了解其对现报考职位的态度。在过去学习或工作中态度敷衍，做什么、做好做坏都无所谓的人，在新的工作岗位也很难勤勤恳恳、认真负责。

10. 上进心、进取心

上进心、进取心强的人，一般会确立事业上的奋斗目标，并为之努力，具体表现为努力把现有工作做好，且不安于现状，工作中常有创新。上进心不强的人，一般都安于现状、无所事事，不求有功但求无过，对工作缺乏热情。

11. 求职动机

了解应试者为何希望到本单位工作，对哪类工作最感兴趣，在工作中追求什么，判断本单位所能提供的环境是否符合应试者的要求。

12. 业余兴趣与爱好

了解应试者休闲时爱参与哪些运动、喜欢阅读哪些书籍、喜欢什么电视节目、有哪些嗜好等，这对录用后的工作安排很有帮助。

13. 其他

面试时主考官还会向应试者介绍本单位及拟聘职位的情况与要求，讨论工资、福利等应试者关心的问题，以及回答应试者可能问到的其他一些问题等。

（二）面试应答技巧

语言是一门艺术，而掌握这门艺术离不开策略与技巧，那么，到底应该掌握哪些策略与技巧来应对招聘者的提问呢？

1. 具体实例法

为了向招聘者展现一个“与众不同”的你，助力应聘成功，你必须记住：不要概述，要用事实来展示你所具有的能力、素质、技能，以及你的信仰、优缺点、好恶，还有你处理人际关系、解决问题、胜任新工作的方式等。你可以通过“事实”“相关细节”“举例”“轶事”“具体做法陈述”等，让对方了解你。

下面你可以体会一下“概述”与“展示”的不同之处。

例如，回答这样的问题：你最主要的长处是什么？

甲（采用简单的“概述”手段）：认真负责。

乙（运用“展示”的手段）：认真并具有责任感。在我见习初期，经理曾让我负责收发工作。那是一项极为简单的工作，但我做得一丝不苟。每天，我早早来到办公室，把当天的信件按“急件”“非急件”“期刊类”“其他”分类归整，并且井然有序地分放在有关人士的桌上。有时碰到“急件”，我会附上有参考价值的材料，以便对经理及其他人有所帮助。大家对此赞不绝口。见习期满后，我立刻被任命为经理助理。

2. 审时度势法

面谈中的审时度势主要表现在以下两个方面。

（1）控制好回答问题的时间，在有限的面谈时间内，要得体、有效地“展示”自己，不要漫无边际或反复陈述，也不要过多地拖延时间。

（2）在对答中要学会洞察对方的心理，从而迅速准确地调整对策，必要时“投其所好”或“草草收场”都不失为一种应急之策。

3. 扬长避短法

在某公司应聘部门的招聘面谈中曾经有这样一段对话。

问：你不认为自己做这项工作太年轻了吗？

答：我快23岁了。事实上，下个月我就23周岁了。尽管我没有相关的工作经历，但我有整整两年在学校学生会工作的经验。大一时，我被推选为该年度的学生会主席，之后又连任一年。您可以想象得到，管理、组织3 000多名学生并非易事，没有一定的管理才能和领导艺术，是无法胜任的。所以，我认为，尽管年龄在一定程度上能反映一定的问题，但个人素质和能力更为重要。因为这是部门经理所不可或缺的。

4. 结构化表达法

在面试中，采用结构化表达法，可以让面试官更容易跟随你的思路，表 3-3-2 展示了一些常见的结构化表达方法。

表 3-3-2 常见的结构化表达方法

结构模型	解析	示例
情境—任务—行动—结果	情境——描述背景情况 任务——说明面临的任务或挑战 行动——解释你采取了哪些具体行动 结果——陈述行动的结果和影响	问：你如何处理紧急项目中的困难？ 答： 情境——在上一家公司，我负责一个紧急项目 任务——项目任务需要在两周内完成 行动——我迅速组织了紧急会议，合理分配任务，并与团队成员加班加点以确保进度 结果——最终，我们按时完成了项目，并获得了客户的高度评价
观点—理由—例子—总结	观点——直接陈述你的观点或立场 理由——解释支持你的观点的理由 例子——提供一个具体的例子来支持你的理由 总结——总结你的观点和例子，重申你的立场	问：你认为团队合作中最重要的因素是什么？ 答： 观点——我认为团队合作中最重要的因素是沟通 理由——有效的沟通可以确保信息的准确传递，减少误解，提高团队效率 例子——在我参与的上一个项目中，我们团队通过定期的站立会议和即时通信工具保持密切沟通，这帮助我们及时发现并解决问题，最终提前完成了项目任务 总结——因此，我认为沟通是团队合作成功的关键所在
问题—影响—行动	问题——指出问题 影响——说明如果问题得不到解决会带来的后果 行动——描述你采取的行动及结果	问：你如何处理工作中的压力？ 答： 问题——很多工作都面临着高压 影响——如果不妥善管理，压力可能会导致工作效率下降和健康问题 行动——我通过时间管理、优先级排序和适当的休息来管理压力。例如，我会制订详细的工作计划，并在工作间隙进行短暂的休息，以保持精力充沛

续表

结构模型	解析	示例
目标—障碍—策略	目标——明确你的目标或目的 障碍——识别实现目标过程中的障碍 策略——描述你克服这些障碍的策略	问：描述一个你遇到过的工作中的重大挑战，并说明你是如何解决的。 答： 目标——我的目标是在截止日期前完成一个复杂的项目 障碍——我遇到了资源不足和团队成员之间的沟通问题 策略——我重新分配了资源，并引入了新的沟通工具，以确保团队成员能够及时交流信息，最终我们成功按时完成了项目
事实—感受—请求	事实——陈述事实情况 感受——表达你对这一事实的感受 请求——基于你的感受，提出相应的请求或建议	问：你如何看待加班？ 答： 事实——在项目紧急或截止日期临近时，加班是不可避免的 感受——我理解加班的必要性，但我也认为工作与生活的平衡对长期的职业发展和健康非常重要 请求——我希望公司能够提供灵活的工作安排，以便我在需要时能够平衡工作和个人生活

小贴士

面试应答注意事项

(1) 知己知彼，了解自身优势和招聘方需求。

(2) 提前了解常见面试题及回答技巧。

(3) 注意发散思维、纵深思维、逻辑思维的运用，至少“讲3点”。(可以是并列式或递进式)

(4) 善用条理词。(如：第一、第二、第三……)

(5) 灵活结合具体例子和数据佐证。

(6) 应答内容紧扣招聘岗位有关要求。

任务4 无领导小组讨论训练

学习目标

- **知识目标**

1. 能够说出无领导小组讨论的含义。
2. 能够说出无领导小组讨论的步骤、注意事项。

- **技能目标**

1. 能够实施无领导小组讨论的四个基本环节。
2. 能够进行模拟演练。

- **素质目标**

能够在讨论中展现礼仪风度和合作意识。

- **思政目标**

1. 能够具有大局意识。
2. 能够在体验与磨砺中培养奋斗精神。

课前学习任务

了解什么是无领导小组讨论，并搜集一道无领导小组讨论面试题，并写在课前任务反馈的横线上。

一、课前任务反馈

____

____

____

____

____

____

____

____

二、课中活动

（一）导航

小陈是××职业院校××专业的应届毕业生。今天，他精心准备了简历，并反复练习了自我介绍，满怀信心地前来参加心仪公司“未来之星”实习生计划的最终一轮面试。原本以为会是单独面谈或技能测试，然而当他被告知是无领导小组面试时，不禁有些茫然，不知该如何应对。

将无领导小组讨论的步骤用流程图表示出来。

（二）各个击破

以下材料来源于公务员（无领导小组）面试真题，请一步一步按要求完成训练。

【背景材料】

有一家专门管理上百个广告牌的公司，计划在6月份于城市商业区悬挂一块公益广告牌。目前有五个广告牌选项可供选择。考生将通过抽签决定自己所负责的广告牌，并分别推荐自己所抽中的广告牌。经过讨论后，最终确定广告牌的选择。

(1) 环境保护主题的广告牌。

(2) 为贫困山区建设希望小学的广告牌。

(3) 远离毒品主题的广告牌。

(4) 宣传城市特色的广告牌。

(5) 青年志愿者活动主题的广告牌。

【要求】

(1) 请考生仔细阅读题目，并拟定讨论提纲，时间为5分钟。

(2) 请考生按顺序分别阐述自己的推荐理由，每人发言时间为3分钟。

(3) 依次发言结束后，考生进行自由讨论，共同决定悬挂的广告牌，讨论时间为50分钟。

(4) 推选一名代表进行总结发言，时间为5分钟。

第一步：阅读材料、列提纲。(请回答这一步的技巧、注意事项)

第二步：个人陈述。(请回答这一步的技巧、注意事项)

第三步：自由讨论。(请回答这一步的技巧、注意事项)

第四步：总结陈词。(请回答这一步的技巧、注意事项)

（三）综合实战

各小组进行模拟演练，由评委进行打分并点评。

三、课后活动

根据无领导小组讨论评分要素，对照自己在演练中的实际表现，梳理薄弱环节，提出改进方法。

四、知识链接

（一）无领导小组讨论的含义

无领导小组讨论是面试评价中经常使用的一种测评技术，采用情景模拟的方式对考生进行集体面试，通过给一组考生设定问题，让考生们进行一定时长（一般是 1 个小时左右）的讨论，来检测考生的组织协调能力、口头表达能力、辩论能力、说服能力、情绪稳定性、处理人际关系的技巧、非言语沟通能力（如面部表情、身体姿势、语调、语速和手势等）等各个方面的能力和素质是否达到拟任岗位的用人要求，以及自信程度、进取心、责任心和灵活性等个性特点和行为风格是否符合拟任岗位的团体气氛，由此来综合评判考生之间的优劣。

（二）无领导小组讨论面试的四个基本环节

1. 审题思考

审题是无领导小组讨论考试的第一个环节，也是应试者往往容易忽视的一个环节，具体而言，是指应试者拿到题目后，对题目进行思考的过程。

2. 个人陈述

应试者准备轮流发言，阐明各自的观点。一般为每人 3—5 分钟。

3. 自由讨论

自由讨论是指安排一定数量的应试者组成一组，围绕相关事项、问题等进行一定时间内的、平等的、自由的、公开的讨论。讨论过程中不指定谁是领导，也不指定应试者发言的方向、顺序等，应试者在讨论中处于完全平等的地位，全程自由安排完成讨论过程，并达成一致的意见。

4. 总结陈述

总结陈述为无领导小组讨论面试的第四个阶段，是对小组讨论结果的概括陈述。一般是由小组成员选举一名应试者作为小组讨论的总结者，但有的面试也要求每个成员都要进行总结。总结时间一般在 3—5 分钟，包括总结和补充总结时间。总结方式分为口头总结和书面总结两种。口头总结即由小组成员推举出一名组员口头进行总结汇报；书面总结指小组成员以书面的形式总结讨论结果后上交给考官。

（三）无领导小组讨论评分要素说明

测评要素是指要对应试者进行测评的项目。根据以往研究和面试测评经验，考虑到面试测评的功能特点及其局限，特作如下说明。

1. 辩论说服能力

一般定义：辩论是讨论问题、思想交锋的过程。在此过程中能体现一个人的综合知识及心理素质等多方面的能力。

操作定义：论点合理，有立论依据；语言有说服力和感召力；分析问题全面具体，能从宏观和微观两方面着手。

2. 组织、协调能力

一般定义：根据一定的标准对冲突各方的利益进行协调，能集合集体的力量，避免团体的争端。

操作定义：能把握冲突各方的一致性和差异性；能转化冲突各方的差异性，并形成统一的结论和方案；及时做出决策。

3. 综合分析能力

一般定义：综合是将事物的各个部分或各种特征联合为整体；分析则是将事物的整体分解为部分。综合和分析在思维活动中起着重要作用，是思维的智力操作的重要组成部分。

操作定义：对事物能从宏观方面进行总体考虑；对事物能从微观方面对其各个组成成分予以考虑；能注意整体和部分之间的相互关系及各部分之间的有机协调组合。

4. 发言主动性

一般定义：体现个人工作中的积极主动态度及处理问题时自主决断的特性。

操作定义：发言次数明显较多；每一次发言的内容都具有实质内容；发言内容不重复。

5. 自信程度

一般定义：自信是个性特点的表现之一，也是建立人际关系、体现个人价值的基础条件。

操作定义：语言表达、行为自然；敢于发表自我的观点。

6. 情绪的稳定性

一般定义：处于压力情境中，能保持自己情绪的稳定，并约束自己行为反应的能力。

操作定义：在压力情境中，表情和言语自然；在受到有意挑战甚至有意羞辱的场合，能保持冷静。

7. 团队合作

一般定义：团队合作是一种为达到既定目标所显现出来的自愿合作和协同努力的精神。

操作定义：成员间密切配合，共同决策、与他人协作；听取相关意见，积极听取、理解别人的意见；在变化的环境中担任各种角色；顾全大局、重视团结。

8. 举止仪表

一般定义：应试者外在的穿着打扮和言行举止的综合呈现。

操作定义：穿着打扮契合场合、得体适宜；言行举止符合一般的礼节规范；无多余的动作。

无领导小组讨论评分参照如表 3-4-1 所示。

表 3-4-1　无领导小组讨论评分参照表

要素名称	权重	高分者特征	低分者特征
综合分析	18%	综合分析能力强，善于系统、全面地分析问题	综合分析能力较弱，看问题不全面、缺乏系统性
发言主动性	10%	发言积极主动，发言次数在 4 次以上；每次发言均有新意，不重复	发言不够积极主动，发言次数在 3 次以下，每次发言重复内容多
组织协调能力	16%	善于总结和利用他人的观点为己所用；能够协调其他考生之间的冲突	协调能力较差，不善于采纳他人的观点；在讨论中显得孤立无援
辩论说服能力	16%	论点鲜明、论据充分、逻辑性强；语言说服力、感染力强	论点不鲜明、易受他人观点影响；论据没有层次、不清晰；语言平淡，说服力、感染力不强

续表

要素名称	权重	高分者特征	低分者特征
团队合作	15%	能为团队利益进行取舍，坚决服从团队目标	固执、自以为是，不服从大局
自信程度	10%	语言表达、行为自然；敢于发表自己的观点	表现紧张，不能肯定自己
情绪的稳定性	10%	情绪基本稳定，反应基本得体	情绪慌乱，不能很好地表达自己的观点
举止仪表	5%	穿着打扮得体，言行举止符合一般礼节；无多余动作	穿着打扮不得体，言行举止不符合一般规范；多余动作明显

注：要素评分采用10分制评价，分为高分段和低分段两个评价维度，高分段为6—10分，低分段为1—5分。

（四）无领导小组讨论面试中的五大角色

1. 组织领导者

组织领导者是指领导本小组对问题进行讨论和分析，组织大家明确分工并推动达成统一意见的应试者。

行动要点：和思路引领者积极配合，确定小组讨论框架；积极引导小组成员参与讨论；营造融洽的小组氛围。

实战技巧：谦逊温和，进行组织领导。

2. 思路引领者

思路引领者是指在自由讨论开始后，某位应试者为整个小组讨论提供一个整体的思路来引领讨论的方向和进程。

行动要点：尽量争取第一个发言，发言要言简意赅，争取能获得小组成员的一致认可；做好记录；注重求同。

实战技巧：思路为重，求同为先。

3. 时间控制者

时间控制者是关注时间进展，提示小组成员注意发言和讨论时间的应试者。

行动要点：准备一块手表，最好是一块可以显示秒数的电子表；在自由讨论环节开始后，要按照时间安排合理控制自由讨论的进程；做好记录。

进阶方法：运用“三段制”时间管理法，即将小组讨论分为三个阶段，时间控制者可以根据三个时间阶段的划分来确定自己在每个阶段不同的任务，通过时间管理的方式来显示自己在小组中的价值。

实战技巧：头脑清醒，侧面领导。

4. 意见提供者

意见提供者是小组成员中占比最多的角色，每个人都可以承担这个角色任务。对自身实力没有信心的应试者，可以从这个角色入手来锻炼无领导小组讨论的能力和技巧。

行动要点：运用发散思维，多思考，多提供观点，意见提供者为小组讨论进程的开展提供较多的选择和思路。

实战技巧：头脑风暴，即想即说。

5. 总结陈述者

总结陈述者是代表小组进行汇报总结的应试者。这个角色是和总结陈述阶段密切相关的，一般是由小组成员选举一名组员作为小组讨论的总结者。但也有面试要求每个成员都要进行总结。总结时间一般为3—5分钟，包括总结和补充总结时间。

行动要点：如果自己在个人陈述和自由讨论阶段表现不突出，就要积极争取总结陈述者的角色来为自己加分；要记录每位应试者的发言；仪态要落落大方。

实战技巧：集体为重，简明扼要。

小贴士

无领导小组讨论注意事项

(1) 积极倾听：认真倾听他人的观点，这是尊重他人的表现，也有助于你更好地理解讨论内容。

(2) 清晰表达：用简洁明了的语言表达自己的观点。使用逻辑清晰的结构，如"首先、其次、最后"等。

(3) 非语言沟通：使用肢体语言，如点头表示同意，手势强调重点。保持眼神交流，显示你的参与度和兴趣。

(4) 适时发言：寻找合适的时机发言，避免在他人讲话时强行插话。如果你有很多话要说，尝试总结要点，避免长篇大论。

(5) 尊重多样性：尝试理解他人立场，寻找共同点。即使在激烈的讨论中，也要保持礼貌和尊重。在必要时，愿意为了团队的利益而妥协。

(6) 情绪管理：保持冷静，避免情绪化的言辞，以专业、客观的态度参与讨论。

(7) 时间意识：注意讨论的时间限制，适时提醒团队。确保每个重要的议题都有足够的讨论时间。

(8) 批判性思维：对提出的观点进行合理的质疑和深度的分析，提出建设性的反馈，而不是单纯的批评。

(9) 提出解决方案：提出切实可行的解决方案，而不仅仅是指出问题。

(10) 记录和总结：记录关键点和团队的共识。在讨论结束时，提供总结，帮助团队明确讨论成果。

项目四 职场沟通

在未来的职场中，要想快速融入新的公司环境，就要学会与上级、同事、下级、客户打交道，学会建立良好沟通关系的妙招，采用对症下药、逐个攻破的策略，最终实现赢在职场的目标。

任务1 与上级建立良好沟通关系

* *

学习目标

- **知识目标**

1. 能够说出与上级建立良好沟通关系的原则。
2. 能够说出与上级建立良好沟通关系的技巧。

- **技能目标**

能够在接受任务、汇报工作、请示工作、提出建议和应对上级批评时，使用相应的技巧。

- **素质目标**

能够具备谦恭有礼、不卑不亢、灵活适度地与上级沟通的素养。

- **思政目标**

1. 能够具备爱岗敬业的职业品格。
2. 能够养成平等、尊重的沟通心态。

课前学习任务

晋灵公造九层之台，费用千金，谓左右曰：“敢有谏者，斩！”荀息闻之，上书求见。灵公张弩持矢见之。曰：“臣不敢谏也。臣能累十二博棋，加九鸡子其上。”公曰：“子为寡人作之。”荀息正颜色、定志意，以棋子置下，加九鸡子其上。左右惧，慑息，灵公气息不续。公曰：“危哉！危哉！”荀息曰：“不危也，复有危于此者。”公曰：“愿见之。”荀息曰：“九层之台，三年不成，男不耕，女不织，国用空虚，邻国谋议将兴，社稷亡灭，君欲何望？”灵公曰：“寡人之过也，乃至于此！”即坏九层台也。

思考并在课前任务反馈的横线上回答：

（1）读上述故事，谈一谈故事中的人物使用了哪些沟通技巧？

（2）上述故事体现了什么沟通原则？

一、课前任务反馈

____

____

____

____

____

二、课中活动

（一）导航

小刘大学毕业后，应聘到一家设计公司工作。入职伊始就接到公司分配的一单设计业务，这对于刚刚毕业的小刘来说，无疑是一个重担。距离主管规定交设计作品的时间越来越近，而小刘的设计还停留在初步构想阶段。好友劝他跟主管汇报一下情况，但小刘因为害怕而迟迟不敢行动。最终设计作品没能按时完成，延误了交付客户的时间，让公司遭受了信任危机。主管批评小刘没有按时向自己反映情况，若能及时沟通，大家可以共同想办法，采取有效措施，就不至于让公司遭受损失。

讨论：小刘存在的问题是什么？

____

____

____

（二）各个击破

1. 领导让小王帮他打印会议记录，小王直接答应说：“好的。”

如果你是小王，你会怎么回答？

2. 小英向上级汇报工作，一上来就开始诉苦：“李总，那个客户太难缠了，我磨破了嘴皮，可他油盐不进。提出的疑问倒是多，一个接着一个，没完没了。我好不容易解释清楚这个，他又提出了那个问题，像这样的人，估计永远也解释不清……”上级打断小英的话，说：“我现在问你的进展如何？有没有结果？”小英又开始诉苦：“这样的客户，你是不知道，太让人头大了，我从来没有遇到过这样的客户。每次去，路程又远……”上级再次打断小英：“不要说了，这个客户我换人跟进，你出去吧！”

案例中小英在与上级沟通时有什么问题？

3. 客户纷纷反映医院的体检套餐中项目太少，小杨也觉得体检套餐有优化的空间，于是小杨跟领导建议说：“领导，之前的体检套餐项目太少，客户意见很大。我认为可以再增加几个项目。”

案例中小杨与上级的沟通存在什么问题？

4. 小郑班组的几名员工要去参加公司总部的业务技能大赛，想让小郑请示上级，公司能不能派车接送。小郑请示说："李总，他们这次是去参加比赛，坐火车或客运汽车不太方便，怕大家受累，影响比赛发挥。还是公司派辆车好，安全、节约又方便。所以，我决定要公司派辆车去，行吗?""你都决定了，还问我干什么?"没想到上级一句话让小郑一脸尴尬，一时不知说什么好。

案例中小郑在与上级沟通时存在什么问题?

6. 小周是一名销售经理，上半年销售业绩不佳，被销售总监叫到办公室说了一顿。小周想要申辩的是，上半年市场变化太大，横空出现了一家有实力的竞争对手。其产品新颖，价格又低，因而公司被其抢走了几个大客户。但总监根本不让他说话，先是指责他市场推广没有创新，然后批评他在大客户维护方面没有做到位……小周非常郁闷，受了一肚子气，离职的心思都有了。

如果你是小周，你要如何与销售总监沟通?

(三) 综合实战

假如你是班长，老师让你负责组织元旦晚会，你要怎么明确任务呢?在筹备期间，你会怎样跟老师汇报晚会的进度呢?你会怎么跟老师请示服装、道具、活动经费等事宜呢?

三、课后活动

趣味测试：你对上级的身体语言信号了解多少？

职员的身体语言通常有一定的目的和内涵，察言观色已成为职场必备技能，然而，上级的身体语言最难解读。做做下面的测试，看看你对上级的身体语言信号了解多少。

（1）他偶尔往上扫一眼，与你的目光交会后又朝下看，多次如此。

A. 他讨厌你　B. 他对你态度存疑　C. 他有重要的话要说

（2）他与你说话时，不点头，也不看着你。

A. 他认为你能力较差　B. 他认为你可以自己解决问题

C. 他心不在焉

（3）你汇报工作时，他久久地盯着你。

A. 他希望你快速汇报完　B. 他很怀疑你

C. 他在等待更多信息

（4）他向室内凝视着，不时微微点头。

A. 他在考虑你的意见　B. 他要你完全服从他　C. 他认为你说得对

（5）他一边跟你说话，一边快步向前走。

A. 他相信你能做好　B. 他不太想搭理你

C. 他认为具体的问题有待商榷

（6）他从正面拍拍你的肩膀。

A. 他表示赞赏　B. 他让你保重身体　C. 他从内心轻视你

（7）你汇报工作时，他不停地翻动桌上的文件。

A. 他对汇报不感兴趣

B. 他重视你的汇报并找相关支持

C. 你的汇报正待考虑

（8）他坐在椅子上，舒服地将身体往后靠，双手放在脑后，双肘向外撑开。

A. 他需要休息　B. 他对你很满意　C. 他认为自己比你强

完成测试后，可依据表 4-1-1 统计得分，看看你对上级的身体语言信号的解读能力如何。

表 4-1-1　每题各选项对应分值　　单位：分

选项	题号							
	1	2	3	4	5	6	7	8
A	0	10	0	5	10	0	10	5
B	10	0	5	10	5	5	0	0
C	5	5	10	0	0	10	5	10

四、知识链接

（一）与上级建立良好沟通关系的原则

1. 谦恭有礼原则

谦恭有礼是一种态度，即在与他人交往、表达自己的意见或行动时，保持谦虚、尊重和礼貌的态度。谦恭有礼的人通常会倾听他人的意见，尊重他人的权利和感受，不会妄加评判或指责他人。他们也会在表达自己的意见时，用文明的语言和姿态，避免冲突和争议。

2. 不卑不亢原则

在与他人交往时，应该尊重对方的权利和尊严，不卑不亢地表达自己的观点和立场。既不要因过于自卑而不敢表达自己的想法，也不要因过于傲慢而忽视他人的感受。只有以平等、尊重和理解为基础进行交往，才能建立和谐的人际关系。

3. 灵活适度原则

灵活适度指的是在处理事务或制定决策时，根据具体情况进行灵活调整，同时保持适度。这种原则强调灵活性和适度性的平衡，以适应不同环境和需求。

（二）与上级建立良好沟通关系的技巧

1. 接受任务的技巧

下级常常要接受上级下达的任务，有些是能够完成的，有些可能是难以完成的。在接受任务的过程中，应该注意沟通的方法和技巧，具体如表 4-1-2 所示。

表 4-1-2　接受任务的技巧

任务类型	技巧	示例
刚下达的任务	明确要求	刘总，这份报表要何时完成？有没有什么特殊要求
繁重的任务	暗示表达	李总，我现在手头有 3 个项目要跟进，还有 2 个大型活动的策划项目，时间上有些安排不过来
艰巨的任务	折中解决	刘主任，这项任务难度较大，为了慎重起见，可不可以请有经验的同事来协助我
违规的任务	委婉拒绝	陈总，你的要求很让我不安，你一向是个有原则的人，这件事情你能不能再慎重考虑一下，因为公司一旦查出来，后果不堪设想

2. 汇报工作的技巧

汇报工作是员工工作的一部分，员工应该与上级及时沟通职责内工作的进展、变化或异常情况。

（1）了解需求，汇报有的放矢。

如果要向上级汇报工作，那么汇报前要做好准备工作。除了对工作本身了然于心外，对上级的要求、需要、工作作风等也要充分了解，这样汇报时才会有的放矢。

（2）汇报及时、客观、简要、准确。

例如：在浙江某纸业半年度公司总结计划会议上，安全和环保管理部对下半年工作计划做了汇报，优化前后对比如表 4-1-3 所示。

表 4-1-3　汇报工作内容优化前后对比

未优化前	优化后
（1）进一步加强一线员工的安全素质教育 （2）进一步提升班组长的消防演练技能 （3）进一步完善废气泄漏事故的应急预案	（1）7 月、12 月开展两次一线员工的安全素质培训 （2）9 月安排一次全体班组长的消防演练 （3）8 月底完善废气泄漏事故的应急预案

（3）厘清思路，汇报逻辑性强。

汇报工作之前，要厘清表述的思路，明确要说什么及先说什么、后说什么，让你的汇报听起来思路清晰、逻辑性强，这也是汇报者自我思维品质的体现。

（4）先说重点，汇报讲究实效。

汇报工作要先弄清楚上级最关心的问题，再想清楚自己最想解决的问题，汇报时一定要先说重点且突出重点，不说废话。

（5）预测质疑，汇报答案齐备。

听完你的汇报，上级可能会提出种种疑问，如果这时你无言以对，或吞吞吐吐、语言自相矛盾，则会让上级感觉你对工作不熟悉、理解问题不透彻，大大影响沟通的效果。最好充分预想上级可能有的疑虑，并一一准备答案。

（6）对于负面信息，汇报委婉传递。

如果你向上级汇报的信息是负面的，是对公司不利的工作信息，最好以委婉的方式传递。比如，先稳定自己的情绪，再从容不迫地以类似这样的句式开头："我们似乎碰到一些状况……"让上级觉得事情并非无法解决，也传递出你将与上级站在同一阵营，并肩作战的信号。如果你情绪激动，冲到上级办公室直接爆出坏消息，会让上级质疑你处理危机的能力。这可能让上级的情绪也大受影响，就算不关你的事，或许也会迁怒于你。

（7）少些解释，汇报注重结果。

向上级汇报工作时，上级关注的是工作的结果与进展，汇报时聚焦核心，减少冗余解释。

3. 提出建议与要求的技巧

在职场中，能给上级提出合理的建议与要求，既有利于公司的发展，又是展示自我才华、推销自我的方法。其步骤如下：肯定优点—提出问题—给出方案—

说明理由—征求意见。

在提出建议与要求时，也要注意把握以下几点：

（1）动机正确，容易被接受。

（2）提供方案，提高被采纳概率。

（3）不越位评价，在建议前少做否定。

（4）找准切入口，伺机提出建议。

4. 请示工作的技巧

下级在工作中对于有些事情不能擅自做主，这就需要请示，请示时要注意以下几点：

（1）多用“选择题”，请示效果佳。

请示工作，如果不是只把“问题”抛给上级，而是用做“选择题”的方法，提供方案供上级选择，既能让上级迅速做出答复，也体现了自我的工作能力，效果会更好。

（2）不替上级做决定，请示措辞恰当。

请示工作时，是让上级对工作做指示、做决定，下级不能代替上级做出某项决定。这就要求我们在请示时措辞恰当，话语符合自己的身份角色。

（3）请示而不依赖。

下级对于分内的事，就应该大胆负责，创造性地工作，这也是上级想看到的。我们不能事事请示，遇事没有主见，大小事都不做主。这样上级不仅不会觉得这是对他的尊重，反而觉得你工作能力不够，不能独当一面。

5. 应对批评的技巧

在绝大多数情况下，上级批评下级，其实是想传达一份期待——期待下级能够尽最大努力达到自己的要求。那么，该如何应对上级的批评呢？可以试试以下方式：心平气和地倾听—表示虚心接受—分析原因并提出改进方案—提出希望或表态，展示积极态度与改进决心。

（三）与上级建立良好沟通关系的常见障碍

（1）害怕心理。

因敬畏或担忧，沟通时紧张、不敢表达真实想法。

（2）只谈问题不谈方法。

汇报仅说问题，没思考解决方案，让上级觉得下级只会抱怨。

（3）推卸责任。

出问题时不反思自身，把过错推给他人或外部，影响上级对下级的信任。

（四）与上级建立良好沟通关系的注意事项

1. 站在上级的角度考虑问题

与上级沟通，需要多换位思考，这样才能了解上级的想法，理解上级的做法和苦衷，有利于沟通的顺利进行。

2. 汇报请示不越级

工作中有问题要先和自己的直接上级沟通，不要越级请示汇报，不然会让直接上级感觉你在“打小报告”。

3. 不能多头请示

与上级沟通，一定注意不能多头请示，对于一件事情，不要同时请示两个上级。你应该向主管这件事情的直接上级请示工作。如果两个上级给了你不同的指示，则会让你陷入两难境地。

小贴士

对上级说“不”的方法

在工作中要敢于对上级说“不”。正确地说“不”，不仅有益于公司发展，而且有助于自身价值的提升，巩固并增强自己在上级和其他员工心中的地位，最终促进自己职业生涯的发展。一味附和，易被认为能力平庸，不可重用；若能巧妙地反对上级一些不合理的观点，有助于才干的显示。

(1) 设问法：当自己提出的建议被上级否定后，即使上级的决定是错误的，也不要急于争辩，这样会让事情更糟。可以采用设问法，一步步地让上级了解你的整体思路，从而获得理解与支持。

(2) “三明治”法：对上级说“不”可以使用先肯定、再否定、后安抚的“三明治”模式，即回答时都以积极肯定为起始点——“是的”“可以”“行”“我们能……”；再引出否定——“但或许，可能需要一些时间，恐怕需要其他部门的配合，调配一下……”；最后强调积极的一面——“不过，我们会进一步想办法解决，请放心……”，或者明确请求上级在哪方面予以支持或协助，让上级易于接受。

(3) 暗示法：当上级决策不正确时，你觉得不能执行或无法执行布置下来的任务，又不好意思对上级说“不”时，可先用暗示的方法，让其悟到自己的决策不甚恰当，主动调整。

(4) 提醒法：上级公务繁忙，若决策不恰当，可能是因为上级不熟悉、不了解某一方面的情况，或遗忘了某些内容。若对他进行提醒，上级一般会收回或修正指令。

(5) 推辞法：若上级指令不恰当，有时还可以考虑推辞，但推辞要有合理的理由，从职责范围或个人的特殊情况切入，理由一定要真实和充分。推辞不是逃避责任，而是委婉地拒绝。

（6）拖延法：对于上级的错误决定，倘若贸然执行，可能会造成不良后果。面对这种情况，可以先默认或口头上答应，以缓解当时的氛围，事后借故拖延。等过一段时间后，上级认识到自己的错误，有了新的决定，就会收回自己的话了。

任务2　与同事建立良好沟通关系

学习目标

- **知识目标**

1. 能够说出与同事建立良好沟通关系的原则。
2. 能够说出与同事建立良好沟通关系的技巧。

- **技能目标**

能够在寒暄、赞美、合作、化解矛盾冲突、拒绝时，使用相应技巧。

- **素质目标**

能够与同事和睦相处，尊重同事。

- **思政目标**

1. 能够平等友善地与同事沟通，助人为乐，有服务意识。
2. 能够尊重同事隐私，不说长道短。

课前学习任务

廉颇是春秋战国时期赵国的一名大将，战功赫赫，威名远扬，但加官进爵却在蔺相如之下，于是多次欲与蔺相如争高下并有意羞辱。身为相国的蔺相如文韬武略，事事以国家利益为重，不与廉颇计较个人得失，巧妙避开与廉颇的争执。蔺相如的德行终于折服了廉颇。廉颇知错即改，负荆请罪。从此，廉颇和蔺相如和好，成为誓同生死的朋友。将相和，国运兴。

思考并在课前任务反馈的横线上归纳：同事之间的协作有什么好处？与同事协作应该遵循什么原则？

一、课前任务反馈

二、课中活动

（一）导航

陈工：张工、李工，今天你们看起来都挺累的，是不是工作没做完，昨晚又加班了吧？但是，张工，你的工作能力一向是比较强的呀！

张工：我们昨天晚上加班把方案做好了，你帮我们修改一下吧！

陈工：这是你们自己的工作，我帮不了你们。

思考：上述同事之间的沟通存在哪些问题。

（二）各个击破

（1）小刘性格比较内向，大学毕业后入职一家公司，有一次上班刚刚进入电梯，就遇到了公司的同事，小刘不敢打招呼，只能假装没有看到，低着头默不作声。

思考案例中小刘存在的问题，如果你是小刘，你会如何做？

(2) 背景：小高一年前被调到销售部，因业绩突出，被评为优秀员工，有望升职加薪，同事们刚刚从内部网站上看到这个消息，纷纷对他表示赞美。

同事甲：(电脑前) 哇，高哥，你被评为优秀员工了，太厉害了！

同事乙：(凑到电脑前看了一下) 祝贺你，到咱们销售部才一年，业绩就是我们的两倍，真是太厉害了，我要多多向你学习呀！

同事丙：(从另一边走过来看电脑) 以前你没有来我们销售部时，我就听其他同事夸你工作特别认真负责，业务能力很强，做事雷厉风行，又关心同事。大家都想跟你学习，真是优秀的人到哪都优秀啊！

① 讨论：你喜欢谁的赞美？为什么？

② 头脑风暴：还有哪些赞美方式？

(3) 小吴接到了一个大客户的投诉，说他们购买的产品系统在使用过程中出现了明显的技术误差。小吴马上同技术支持人员一起赶到现场，经过技术鉴定，发现确实存在技术问题，但问题的源头可能是软件控制系统，是负责安装调试的工程部出现了失误。

如果你是小吴，你要如何与工程部同事沟通？

(4) 小贾是公司销售部的一名员工，为人比较随和，不喜争执，和同事处得都比较好。但是，前一段时间，不知道为什么，同一部门的小李总是处处和他作对，有时候还故意在别人面前指桑骂槐，对跟他合作的工作任务也都有意让小贾做得多，甚至还抢了小贾的好几个老客户。

起初，小贾觉得都是同事，没什么大不了的，忍一忍就算了。但是，看到小李如此嚣张，小贾一赌气，告到了经理那儿。经理把小李批评了一通，从此，小贾和小李成了绝对的冤家。

思考案例中存在的问题，如果你是小贾，你会如何处理？

(5) 胡：辛姐啊，你的文笔好，帮我润色一下这个推广方案好吗？杨总急着要，我干了3天，头都大了！

辛：胡总，谢谢你看得起我。这个方案确实挺重要的，我听杨总都提过好几回了。不过，对不起呀，胡总，我今天手里的事情也是一大堆，你看下午我先要开一个会，然后还要接待一个贵宾，一点儿岔子都不能出，也焦虑着哩！我怕耽搁你的事，实在对不起呀！

胡：啊！没事，没事，你忙，你忙，我下午自己再做一下吧。

请评价案例中的沟通方式。

(三) 综合实战

你有一份重要的活动方案，基本写好了。但你没有十足的把握，上交公司之前你想请一位在这方面很有经验的同事帮你修改一下，你打算采用先寒暄再赞美的方式，让他乐意帮助你，但他拒绝了，接下来你会怎样与他沟通呢？

三、课后活动

测试你与同事沟通中的悟性

本测试目的不是考查你对沟通理论或技巧的掌握程度，而是帮助你评估自己与同事沟通时的效率。你将发现，其中大部分题目都很容易猜到“正确”的答案，但是找到“正确”的答案并不是本测试的重点。你一定要如实作答，即使你认为自己的回答可能不是最佳答案。这不是知识竞赛，仅作为自我测评。（表4-2-1）

表 4-2-1　自我测评表

序号	题目	选项
1	在我工作的地方经常发生“暗箭伤人”的事情	是/否
2	我与我的同事坦诚相待	是/否
3	我在获得同事的合作方面颇有成效	是/否
4	我担心同事会窃取我的构思	是/否
5	我会问同事喜欢什么或关注什么	是/否
6	我的同事都很尊敬我	是/否
7	我的同事都妒忌我	是/否
8	出问题时我对事不对人	是/否
9	我只会对可以做出补救或改进的方面做出批评	是/否
10	我会进行建设性的批评	是/否
11	争论双方必须分出获胜者和失败者	是/否
12	我不喜欢制造纠纷	是/否
13	我害怕向别人道歉	是/否
14	我经常喝咖啡	是/否
15	我很喜欢周围的同事	是/否
16	我喜欢与同事对话	是/否
17	我很喜欢成为团队的一员	是/否
18	我睡眠很充足	是/否
19	我擅长集思广益	是/否
20	我很会处理压力	是/否
21	我一向支持创新	是/否
22	我的家庭生活很幸福	是/否
23	我了解我的同事以及他们的工作、职责和专长	是/否
24	我们办公室“党派”林立	是/否

续表

序号	题目	选项
25	我的同事经常和我聊天，浪费我的时间	是/否
26	我会与同事分享自己的想法	是/否
27	如果有人生气，我会帮助他平静下来	是/否
28	我认为商务会议完全是浪费时间	是/否
29	我希望对同事的构想和项目做出充分的回应	是/否
30	我通常会坚持自我	是/否
31	有时候我必须责骂别人并驳倒他们	是/否
对于问题 1、4、7、11、12、13、14、24、25、27、28 和 31，回答“是”扣 1 分；其他问题回答“是”得 1 分，回答“否”得 0 分。统计你的总分，总分低于 23 分，表明你将在沟通过程中受益		总分：________

四、知识链接

（一）与同事沟通的原则

1. 以和为贵

注重语言表达的技巧，尽量避免争吵，若有矛盾，则积极主动去化解。

2. 尊重他人

上下班时恰当地和同事打招呼或问候同事；有事外出时及时告知同事；尊重同事的隐私，自觉保守同事的秘密，维护同事的自尊；不发表中伤贬损同事或离间同事间关系的言论。

3. 接纳差异

接纳个体差异，依据同事的不同特点，灵活调整沟通方式、语言习惯。

（二）与同事沟通的技巧

1. 寒暄的技巧

与同事寒暄的方式和技巧如表 4-2-2 所示。

表 4-2-2　与同事寒暄的方式和技巧

寒暄方式	技巧	示例
问好式	直接问候	早上好
	带有时间或日期的问候	新年快乐
	带有个人关心的问候	你今天感觉怎么样
赞美式	赞美外表	这件衣服很适合你
	赞美工作或成就	听说你升职了，恭喜啊
	赞美性格或行为	你总是这么乐观，真让人佩服

续表

寒暄方式	技巧	示例
询问式	询问近况	最近工作进展如何/假期有什么计划吗
	询问感受	你对这部电影有什么看法/你觉得这个新餐厅怎么样
	询问爱好	你最近有什么新的兴趣爱好吗/听说你喜欢摄影，最近有没有拍到什么好照片
分享式	分享日常生活	我昨天去了你之前推荐的餐厅，味道真的不错
	分享新闻或事件	你看到昨晚的球赛了吗/听说最近有个艺术展览，有兴趣一起去吗
情境式	根据环境寒暄	这个会议厅布置得真不错/这里真安静，适合阅读

2. 赞美的技巧

(1) 赞美要适时。

当别人取得良好成绩或付出巨大努力之后，可以适时对他们表示赞美。

(2) 赞美要“投其所好”。

要清楚对方在意的是什么，喜欢被怎样赞美，再适当赞美。

(3) 赞美要注重细节。

赞美须聚焦具体内容，这样才能让人感受到你的真诚，要避免赞美词千篇一律或说客套话。

具体的赞美方式如表 4-2-3 所示。

表 4-2-3 赞美方式

赞美方式	详解
直接赞美	直接赞美就是开门见山地对对方的优点进行赞美。这种赞美可以增强对方的自信心，给对方以前进的动力
间接赞美	间接赞美是通过第三者来赞美某人或某事。生活中经常听到的“某某很欣赏你”“某某经常夸赞你”等就是间接赞美。这种赞美比直接赞美含蓄，能有效避免恭维和奉承之嫌。此外，间接赞美还可以通过赞美与一个人有密切联系的事物来表达。比如，赞美某位女性，可以赞扬她的孩子帅气、有前途；到朋友家做客，看到满墙的书法作品，可以抓住这一点展开赞美
反语赞美	反语赞美是用反语来赞美某人或某事。这种方法在特定的环境和背景下使用，会显得别致风趣、幽默含蓄，比一般的赞美更胜一筹
对比赞美	对比赞美是用比较、衬托的方式来赞美某人或某事。用此种方法能凸显被赞美者的优点，给人印象深刻

3. 合作的技巧

与同事合作时，要学会适时地用恳切的话语沟通，不要一味逼问。尝试用赞美的语言打动对方，让其感知自身价值。和同事讨论工作，产生分歧非常正常，别直接否定他人的方案，建议采用“先肯定，后质疑，再提出自己的见解”的表达方式，这更容易让同事接受。

4. 化解矛盾的技巧

（1）控制情绪，停止争吵。

同事之间产生一些矛盾在所难免，当矛盾产生时，双方情绪可能都比较激动，当事人一定要努力控制自己的情绪，做到先住口，停止继续争执，避免情绪激动时口不择言，使矛盾进一步深化。

（2）主动开口打破僵局。

与同事发生矛盾之后，如果我们因一时之气不理睬对方，长期下去矛盾只会深化，和谐共事将越来越难以达成。这时我们需要主动开口打破僵局，你的主动会让同事体会到你的宽容与大度，与你和好如初，且更加珍惜彼此之间的同事情谊，对以后的和谐共事更有利。

5. 拒绝的技巧

人在职场，难免会遇到同事请求你帮忙做些事情。不便帮忙时，如果你不好意思拒绝同事，可能使自己陷入越帮越忙的尴尬境地；如果你强硬地拒绝同事，可能容易得罪人。可以试试以下拒绝方式：态度友善地表示理解同事的难处——解释想帮却不能帮的原因——提出你对于同事所遇到问题的解决方案和建议。

小贴士

1. 与同事沟通时使用的短语

建设性批评	请教你	集体的努力	征求你的意见
重视你的看法	讨论一下	协作完成	共同努力解决
解决这个问题	吸取你的经验	好主意	

2. 与同事沟通时的肢体语言战略

① 双手放在身体两侧，保持微笑。

② 保持眼神交流。

③ 适当使用手势。

任务3　与下级建立良好沟通关系

学习目标

- **知识目标**

  1. 能够说出与下级建立良好沟通关系的原则。

  2. 能够说出与下级建立良好沟通关系的技巧。

- **技能目标**

  能够在下达任务、表扬下级、批评下级时，使用相应技巧。

- **素质目标**

  能够提升管理能力和沟通能力。

- **思政目标**

  能够树立团队合作意识和大局意识。

课前学习任务

头脑风暴：哪些话最伤下级的自尊心？请写在课前任务反馈的横线上。

一、课前任务反馈

二、课中活动

（一）导航

小李刚刚升为部门主管，第一项负责的工作就是筹备客户答谢会。其他工作准备妥当后，小李交代几位下级负责布置答谢活动现场，说："明天要举行客户答谢会，你们几位负责会场布置工作。"几位下级工作很认真负责，忙到下班时分，总算布置就绪。结果小李检查时，对他们的工作很不满意，批评他们说："你们怎么不多准备点座位和茶点呢，明天来的客户人数较多。"几位下级嘀咕道："怎么不早说呀，我们都是按照往年的规格布置的，这都快下班了……"

案例中的小李在沟通中存在哪些问题？

（二）各个击破

（1）小张因工作出色，晋升为主任。这天，接到总部通知，要抽调一名员工到档案室帮忙整理尘封已久的老档案。这活儿又脏又累，而且没有任何额外补助。让谁去呢？小张思量再三，决定派工作细致、跟自己私交甚好的小伟去。刚开始小伟不乐意去，小张生气地说："我们这么好的关系，你都不帮我。"

① 案例中的小张在和小李沟通时存在什么问题？

② 如果你是小张，你会怎样与小李沟通？

(2) 一家建筑设计公司接了一个项目，可设计师几易其稿，客户都不满意，经理只好把正在休假的金牌设计师小张叫了回来。最后小张的设计方案令客户十分满意。经理当着公司众多下级的面表扬小张说："张设计师真是我们公司的王牌，一回来，客户就竖起了大拇指。你们一堆人看着挺忙活，效果在哪？今后要想做点大项目就得指着他啦!"一番话说完，大伙儿脸色都不好看。

① 经理的表扬有什么问题？

② 如果你是经理，你会怎么表扬小张？

(3) 文员小胡在工作中粗心大意，提交的报告有两处数据错误，领导小陈将他叫到办公室批评道："这点小事儿都做不好，这个月绩效扣发!"

① 领导小陈的批评有什么问题？

② 如果你是领导小陈，你会怎么批评小胡？

（三）综合实战

小叶是一名出色的厨师，第一季度顾客好评率达到了98.7%，你当众表扬了他。但有一天小叶给一桌外地游客做一道生鲜冷菜时，因心情不好，竟然将老抽当成了生抽用，导致顾客批评厨师的厨艺差。作为厨师长，你打算如何跟小叶沟通呢？

三、课后活动

表4-3-1是一个简单的诊断式测试，不是考查你对沟通理论或技巧的掌握程度，而是帮助你评估自己每天与下级沟通时的效率。你将发现，其中大部分题目都很容易猜到“正确”的答案，但是找到“正确”的答案并不是本测试的重点。你一定要如实作答，即使你认为自己的回答可能不是最佳答案。这不是知识竞赛，仅仅是自我测评。

表 4-3-1　你在与下级沟通中的悟性测试表

序号	测试题	选项
1	友好地对待下级并不是一个坏主意	是/否
2	我之所以是一名领导是因为我的上级这样说	是/否
3	永远不要承认自己是错误的	是/否
4	员工总是在抱怨，你不用太在意这些	是/否
5	我会如实评价表现较差的员工	是/否
6	提问题往往是在浪费时间	是/否
7	威胁并不是有效的激励因素	是/否
8	我希望得到别人的回馈	是/否
9	我在提出批评时通常先得到对方的允许	是/否
10	不能依靠自己的下级	是/否
11	我很关心下级的个人目标，但是它们必须与公司目标相结合	是/否
12	有时候批评是很残忍的，但原本就应该这样做	是/否
13	我的部门非常民主化	是/否
14	我的部门是一支团队	是/否
15	我的确进行口头训斥，但随后我会记录下来	是/否
16	我从不说什么，所有沟通都采用文字形式	是/否
17	目无领导的员工必须立刻被解雇	是/否
18	我希望下级能很快理解我的指示	是/否
19	我会给出非常明确的指示	是/否
20	必须随时监督自己的下级	是/否
21	我们的员工手册中明确列出了工作制度	是/否
22	当我在批评下级时，我希望能帮助他进步	是/否
23	我希望得到别人的质问	是/否
24	批评是工作指示的一部分	是/否
25	训斥是推动员工发展的重要部分	是/否
26	解除聘用合同只是一个过程，不是事件	是/否
27	可以在不疏离员工的情况下拒绝他	是/否
28	工作不是娱乐	是/否

续表

序号	测试题	选项
29	对我来说，忠诚非常重要	是/否
30	批评的确是在找错误	是/否
31	有时候确实有必要辞退一名员工	是/否
32	管理层需要支付给员工的就是薪酬	是/否
33	我可能会对下级的抱怨感到烦乱，但我会倾听并努力了解他们	是/否
34	我从来没有参与员工之间的争端，那样做很危险	是/否
35	我的下级必须能够完成我布置的工作，否则他们就要另谋高就	是/否
36	向我汇报工作的下级必须以身作则	是/否
37	永远不要同意关于加薪的请求	是/否
38	我把自己看作一名教练	是/否
39	有些问题不值得提出批评	是/否
40	当出现问题时，我不但要做出道歉，同时还要提出解决方案	是/否
41	我努力把批评与表扬结合起来	是/否
42	成熟的员工不需要很多的积极鼓励	是/否
对于测试题 1、2、3、4、6、10、12、13、16、17、18、20、28、30、32、34、35、36、37、42，回答“是”扣 1 分；其他问题回答“是”得 1 分，回答“否”得 0 分。总分低于 20 分，表明你在沟通的过程中受益。（注：总分有可能是负分）		总分：________

四、知识链接

（一）与下级沟通的原则

1. 维护自尊

自尊心人皆有之，身处社会群体中的人，都希望得到别人的尊重。因此，上级若想调动下级工作的积极性，避免其产生抵触情绪或行为，沟通时需要注意维护下级自尊，尊重其人格。

2. 专心聆听

聆听是双方沟通的关键，是一种礼貌，更是尊重说话者的一种体现。与下级沟通时，上级要让下级知道，你正在专心聆听，你能体会他的处境，使下级愿意表达内心的感受。这也会让下级觉得上级和蔼可亲、值得信赖，从而格外尊重上级。

3. 说话具有建设性

富有建设性的话语更容易被下级听取和接受。不论是提建议、指导、批评还是鼓励，如果是帮助下级解决问题、提供思路的真知灼见，下级自然爱听。

（二）与下级沟通的技巧

1. 下达任务的技巧

（1）话语具体清晰，要素齐全，让下级明确任务。

上级分配任务，说清工作任务是应尽之责。如何让下级明确任务，使下级在执行的过程中避免产生偏差呢？如果上级下达任务能做到具体、清晰，采用5W2H法，即讲清楚who（谁来执行，分工到人）、when（什么时间）、where（什么地点）、what（做什么）、why（为什么做）、how（怎么做）、how many/how much（工作量有多少），下级就能轻松领悟上级的意图。

（2）给话语加点“佐料”，让下级乐于接受任务。

上级给下级下达任务时，都希望下级能乐意接受，这样便于工作的顺利开展，也有助于下级的职业发展。如何让下级乐于接受任务呢？除了制度、职责等方面的制约因素之外，如果还能注意下达任务时的语言技巧，能根据不同的对象和任务适当给话语加点“佐料”，也许能使下级更乐于接受。如：用温和的语气、礼貌用语，以尊重增强下级对任务的接受意愿；融入私人情谊，以私促公，用诚意提升下级的任务接受度；阐述任务的重要性、完成的意义等，提高下级的成就感，促进下级对任务的接受；加入下级对任务的探讨和建议，用参与激发热情；等等。

（3）最后强调确认，让下级复述任务。

上级向下级传达任务后，必要时可以要求下级复述一遍工作任务，尤其是任务的关键点，以确认任务是否准确下达。从下级的反馈中，可以了解下级对任务的明确度。如果发现下级对任务的领悟有偏差，则进行及时修正，加强下级记忆。在工作中，上级和下级都要养成复述的习惯，上级要求复述，下级主动复述，共同促进工作任务的明确与完成。

2. 表扬下级的技巧

表扬下级是提高下级工作积极性和增强团队凝聚力的有效手段。在表扬下级时应做到真诚、及时、具体，同时可以使用适当的语言技巧增强表扬效果。

（1）推广经验式。

上级在表扬下级时，可以借表扬将成功者的经验与方法传授给大家：第一步，肯定成绩，具体阐述下级所取得的成绩；第二步，提炼并推广成功经验；第三步，发起号召，鼓励团队成员向受表扬者学习。例如，某公司营销主管发现连续6个月小杨都是销售部的销售冠军，并且了解到他跟客户沟通很有技巧，小杨也愿意向同事们分享自己的成功经验。于是，主管对小杨做出了公开表扬，说：“小杨连续 6 个月都是销售冠军，这份成绩的取得并非偶然。小杨在与客户沟通的过程中注重客户的体验，运用让客户自我说服的策略，这值得我们借鉴……”这样的表扬既是对员工的激励，也能推广成功经验，引导团队共同进步。当然，在对受表扬者进行公开表扬之前，上级应进行深入细致的调查分析。

（2）反馈鼓励式。

上级应关注下级的工作情况，当下级在工作中产生积极影响时，可以及时进行反馈和鼓励：第一步，描述行为，即明确指出下级所完成的具体事项；第二步，肯定影响，即阐述该行为对团队或项目产生了什么积极影响；第三步，谈感受，即表达对这一行为的正面感受；第四步，表示鼓励，即鼓励下级继续保持这种行为，或提出有针对性的希望，为受表扬者设定新的目标。例如，主管注意到小李在准备会议资料时非常细致，确保了所有数据的准确性。主管及时表扬了他，说：“小李，我注意到你在准备这次会议资料时非常细心，确保了所有数据的准确性。这不仅帮助我们避免了潜在的错误，还提高了会议效率。我真的很欣赏你的专业性和细致。请继续保持这种高标准的工作表现。”

（3）诚恳感谢式。

当下级完成某项工作或解决某个难题时，上级还可以站在个人或团队的立场对下级进行感谢式的表扬：第一步，描述行为，即具体阐述下级所做的事情；第二步，强调成果，即说明这一行为产生了哪些贡献；第三步，表示感谢，即对下级的努力表示感谢。例如：“你在客户会议上的演讲非常精彩，成功地说服了客户接受我们的提案，这对我们的业务增长至关重要。我非常感谢你的出色表现。”

（4）“三明治”式（表扬—建议—表扬）。

当上级既要表扬下级的成就，又要提出一些改进意见时，可以采用“三明治”式的表扬方式：第一步，先给予正面的表扬，让下级感到被认可和尊重；第二步，提出建议，帮助下级成长；第三步，再次给予正面的表扬。例如：“我真的很欣赏你对这个项目的热情和投入，你的创新想法给我们提供了很多新的思路。不过，我建议在实施前，我们进一步讨论一下预算的问题，在预算方面你也一直很专业，我相信你会成为我们团队的项目管理专家。”

3. 批评下级的技巧

（1）分析错误，促其改进。

批评下级是为了帮助下级改进工作方法。要达到这样的效果，使批评增值，上级可以和下级一起分析错误，即为什么出错、错在哪里、有什么后果、如何改进，以免下级受了批评之后还稀里糊涂，下次重蹈覆辙。例如，一位新来的经理助理在通知一项工作的相关人员开会时，将与会人员通知错误。经理将错就错，并没有当着大伙儿的面批评助理，而是在会后对助理说："出现这样的事，是因为你对公司的组织情况还不了解，你要尽快进入角色，不懂的事情要多问、多学、多悟。你抓紧熟悉一下公司各部门的情况，下不为例啊！"助理觉得上级很善解人意，也明白了自己的职责所在，工作更加努力。

（2）提出补救措施，提振干劲。

下级如果因为意外而犯错，过失已经出现，埋怨或指责不但无济于事，还会消磨他们的工作热情。这时上级要有容忍之心，使批评增值，尽可能考虑补救措施，并用话语鼓足他们工作干劲。

（3）传递重视，塑造使命感。

对于那些有培养潜力的下级，批评他们时要使批评增值，可以在言语中让其感受到被重视，让他们养成严格管理自我的习惯，并逐渐形成使命感。例如，批评之后加上类似于"你不应该仅以一般员工的标准来要求自己，应注意在各方面不断完善自己"这样的话语，这样的批评方式会取得更好的效果。

小贴士

这样表扬要慎重

1. 对比表扬

将受表扬的下级跟其他下级作对比，甚至贬低其他下级，这样不但起不到激励作用，还可能使受表扬的下级遭到同事的怨恨。

2. 归功表扬

把集体的功劳归于一人，只对做出最大贡献的人提出表扬，而忽略其他人的贡献，这样的表扬有失公正，员工们难以接受。

3. 频繁表扬

"杨柳水大家洒"，个个都表扬就等于没表扬。有事没事频繁地对某人做廉价的表扬，不仅不能鼓舞士气，往往还会招来其他下级的反感。

任务 4 与客户建立良好沟通关系

学习目标

- **知识目标**

1. 能够说出与客户建立良好沟通关系的原则。
2. 能够说出与客户建立良好沟通关系的技巧。

- **技能目标**

能够在使用了解需求、推介产品和化解异议时，熟练运用相应技巧。

- **素质目标**

能够吃苦耐劳、乐观面对困难、对客户服务周到。

- **思政目标**

能够做到以人为本、诚实守信、重视人的生命与价值。

课前学习任务

分享一次你不愉快的购物经历，并写在课前任务反馈的横线上。

一、课前任务反馈

二、课中活动

（一）导航

小海最近应聘了一家 4S 店的汽车营销工作，为了展现自己的专业素养，他将要推销的汽车的制造原理、技术特点等各项内容背得很熟。这天，来了一位客户，小海赶紧热情地迎上前去，详细地介绍起产品，生怕因漏掉产品的任何一个细节而吸引不了客户。小海说得口干舌燥，以为自己大功告成，结果客户听得一头雾水。

小海与客户的沟通存在哪些问题？

（二）各个击破

（1）如果你是以上案例中的小海，你会如何主动招呼客户？

（2）如果你是小海，你将通过哪些方式了解客户情况和需求？

（3）如果客户想要了解某款车，小海可以怎样推介呢？

（4）如果客户对价格提出异议，小海可以怎样化解呢？

（5）客户离开时，小海如何进行友好告别呢？

（三）综合实战

各小组事先商定与客户的沟通情境，并在课前进行分角色演练，以便在课中完整展示沟通全过程。

活动提示：

将活动总结、小组互评写在横线上。

三、课后活动

表 4-4-1 是一个简单的诊断式测试，不是考查你对沟通理论或技巧的掌握程度，而是帮助你评估自己与客户沟通时的效率。你将发现，其中大部分题目，都很容易猜到“正确”的答案，但是找到“正确”的答案并不是本测试

的重点。你一定要如实作答，即使你认为自己的回答可能不是最佳答案。这不是知识竞赛，仅仅是自我测评。

表 4-4-1　你在与客户沟通中的悟性测试表

序号	测试题	选项
1	每当有客户打电话咨询，我都会努力向他推销	是/否
2	我无法拒绝别人提出的帮忙请求	是/否
3	我愿意通过商量解决问题	是/否
4	我在打断咨询者时首先征得他的同意	是/否
5	如果我发现自己无法按时履约，我会打电话通知客户	是/否
6	告知客户关于新产品的信息对他们是有帮助的	是/否
7	客户的咨询电话是令人讨厌的问题，必须尽快解决	是/否
8	即使我不能按时履约，我也不会感到恐慌	是/否
9	我不会重述客户的订购信息，太麻烦了	是/否
10	我鼓励客户订货	是/否
11	我会向客户说明产品的成本与价格	是/否
12	我喜欢请求别人的帮助	是/否
13	我不愿意请求别人的帮助	是/否
14	一切都可以商量	是/否
15	我知道如何向上推销	是/否
16	我了解自己销售的产品或服务	是/否
17	我知道如何把咨询电话转变为销售	是/否
18	我告知客户，我愿意且有能力帮助他	是/否
19	我从不要求客户给出信息，我向他们询问	是/否
20	我向客户提供指导	是/否
21	在处理客户咨询中，公司政策非常重要	是/否
22	我在打电话时保持微笑	是/否
23	有时候我尽量不接客户的电话	是/否
24	我会花费更多时间预防订单出错	是/否
25	我准确、有效地处理客户订单	是/否
26	我尽量告知客户我能做什么，而不是我无法做什么	是/否
27	我懂得关系的重要性，并且知道如何在电话沟通中建立关系	是/否
28	我绝不会回答“不”	是/否
对于测试题 1、2、7、9、13、14、21、23、28，回答“是”扣 1 分；其他测试题回答“是”得 1 分，回答“否”得 0 分。总分低于 7 分，表明你在沟通的过程中受益。(注：有可能得负分)		总分：________

四、知识链接

（一）与客户沟通的原则

1. 以客户为中心原则

要态度谦恭，平易近人，常带微笑，给客户带来好的心情。能由衷地感谢客户的照顾，如“谢谢您，这是我们公司的发票，请收好”。以客户为中心要求与客户沟通时真正做到换位思考，设身处地为客户着想，并让客户真切地感受到这份用心。

2. 积极正面

与客户沟通，应让客户感觉到这是一个愉快的过程。这就要求我们保持积极的态度，开朗、热情，充满活力。沟通用语应当选择体现正面意思的词，多采用积极的表述，尽量避免让客户产生不良情绪。例如，要感谢客户在电话中的等候，如果说“很抱歉，让您久等了”，这“抱歉”“久等”实际上在潜意识中强化了对方“久等”的感觉，比较正面的表达是“非常感谢您的耐心等待”。

3. 避免争论

不要把客户的意见当成是恶意的挑剔，更不要试图与他们争辩，而是要想方设法引导客户去说，让客户公开发表自己的意见。因为只有这样，他们才会感到自己受到了重视，而你也了解了他们的真正想法，这对合作的成功达成极为有利。与客户沟通时，要适当地顺从客户，避免争论，这样才会赢得客户的信赖。若不争执，你输掉的仅仅是这场争执，但赢得的是这个客户。

（二）与客户沟通的技巧

1. 了解客户需求的技巧

（1）积极聆听，了解需求。

① 听客户说完，正确掌握需求。如果我们能够多一分耐心，不打断客户的讲话，耐心听完，那么不仅会让客户体验到受尊重的感觉，而且有利于正确掌握客户的需求。例如，小王是一名销售员。一天，一位客户询问：“这款摄像机多少钱？”小王回答：“三万元。”客户说：“这个价格太贵了些。”小王没有跟客户解释价格为什么这么高，也没有反驳他，而是耐心地听客户继续说下去。客户说：“我只是自己家里用，作为业余爱好玩玩而已，没必要买这么贵的。”小王从客户后面的话语中得知这款产品对客户来说贵了些，于是给他介绍了另外一款产品。小王说：“先生，您看的这款是我们公司最新款式的专业摄像机，价格也较贵；根据您的需求，选款家用的就行了，携带方便，操作简单，价格也便宜许多。”客户听后，愉快地选购了小王推荐的另一款产品。

② 进行积极的行为回应，鼓励客户说出需求。例如：看着对方，保持目光交流，并且适当地点头示意，用“哦”“对呀”“是”等用词回应，表现出感兴

趣的样子。也可以身体略微地前倾而不是后仰，这是一种积极的姿态，这种积极的姿态表示你愿意去听，努力在听。有了这样的积极回应，客户也会将更多的信息传达给你。

③ 积极思考，解读客户的需求。有时客户因对产品知识的了解有限，可能无法准确地讲出他们的需求。这种情况下，你可根据所倾听到的言语，再结合自己的观察，进行积极思考，解读客户的真正需求。

（2）巧妙提问，了解需求。巧妙提问方式如表 4-4-2 所示。

表 4-4-2　巧妙提问方式一览表

类型	解释	提问方式	举例	效果
开放式提问	想多了解一些客户的需求，了解更多更有效的信息	可以用“什么”“哪里”“怎样”“为什么”等进行提问	我能为您做点什么？/我们怎样做，才能满足您的要求？/您希望这件事最终得到怎样的解决？/您对这种产品有哪些看法	采用这种开放式提问不会让客户感到约束，可以营造一个友好而又轻松的洽谈氛围，与客户建立良好的关系，有助于与客户的进一步沟通
封闭式提问	想让客户的回答在限定的范围内，获得一些更具体的信息	使用“能不能”“对吗”“是不是”“会不会”“多久”等词来提问	你的意思是我们的产品有利润优势，是不是？/您是星期一还是星期二来提货	封闭式提问能够控制对方的思路，按照自己的方式了解客户或者影响客户

2. 推介产品的技巧

了解客户的需求之后，必然要涉及产品推介，运用恰当的技巧说明产品的特性、品质，将有助于促成合作。

（1）将产品功能转化为客户利益。

客户购买产品时，最关心的是他们使用这种产品对自己有什么好处。所以，如果能将产品的功能转化为客户利益来进行介绍，将更能打动客户的心。因此，在向客户介绍产品时，不妨尝试使用 FABEC 法。

F（Feature，特征）：简洁说出产品的特征。

A（Advantage，优点）：重点突出产品的优点。

B（Benefit，顾客利益）：与顾客的利益相结合。

E（Evidence，证据）：举出证据来证明、解释。

C（Confirmation，确认）：尽量得到客户的确认。

（2）将复杂的专业术语转化为通俗易懂的语言。

对于大部分客户而言，他们可能不是专业出身的，讲得太深奥，他们根本就听不懂，也难对产品感兴趣。

（3）针对客户类型选择推介重点。

3. 化解异议的技巧

（1）客户异议的常见类型。

客户对产品或服务产生异议是很常见的现象，客户异议的常见类型如表 4-4-3 所示。

表 4-4-3　客户异议的常见类型一览表

客户异议常见类型	解析
价格异议	客户可能认为产品或服务的价格过高，或者与他们的预算不符
质量异议	客户可能对产品的质量持怀疑态度，尤其是如果他们之前有过不良的购买经历
功能和特性异议	客户可能认为产品缺少他们需要的特定功能或特性
品牌信誉异议	客户可能对品牌不够了解或信任，尤其是新品牌或小品牌
售后服务异议	客户可能担心售后服务不佳，如维修、退换货政策等
产品兼容性异议	客户可能担心产品与他们现有的设备或系统不兼容
交货时间异议	客户可能对产品的交货时间有特定的要求，如果交货时间延迟，可能会产生异议
安全性和隐私异议	在数字产品或服务中，客户可能对数据安全和隐私保护有所顾虑

（2）化解客户异议的语言技巧。

了解客户的异议来源是解决异议的第一步。应对客户异议时，需要以真诚的态度，耐心倾听客户的表达，采用恰当的语言技巧有效化解疑虑，增强信任，并推动销售进程。化解客户异议的语言技巧如表 4-4-4 所示。

表 4-4-4　化解客户异议的语言技巧

类型	实例
询问式	您提到了对（产品/服务）的担忧，能分享一下您具体担心的是什么吗
认同与转移式	我理解您对（具体异议）的关注，这确实是一个重要的考虑因素。许多客户最初也有同样的担忧，但他们发现我们的产品具备（优势），为他们带来了（具体好处）
案例分享式	我们的一些客户最初也有类似的担忧，但在他们使用我们产品（特定功能）后，他们发现它带来了（具体好处）
优势对比式	与其他同类产品相比，我们的产品在（质量/价格/优惠/安全/标准/效益/功能/材料/工艺/试用期/付款方式/售后）上具有明显的优势，这可以为您带来（具体好处）
第三方证明式	（知名人士/行业专家/许多客户）都对我们产品的（某特性）给予了高度评价，他们认为（提供权威观点/客户评价），我们很乐意分享这些反馈给您

续表

类型	实例
情景模拟式	想象一下，如果您使用了我们的产品，您将能够（具体好处），这将对您有多大帮助
紧迫感创造式	现在采取行动，您将能够享受（特别优惠/限时折扣），这是我们对前（数量）名客户的特别优惠
解决方案导向式	我听到了您对（某个问题）的担心，我们可以通过（解决方案）来解决这个问题

（三）与客户沟通的注意事项

1. 区别对待，不要公式化地对待客户

为客户服务时，如果你的回答过于公式化或敷衍了事，会令客户觉得你的态度冷淡，没有礼待他们，容易造成客户不满。

2. 知己知彼，配合客人说话的节奏

客户的说话习惯不同，节奏有快有慢，要配合客户的说话节奏才是上乘之策。事前了解客户的性格也很重要，这要靠多观察和勤于积累经验。

3. 语言简练，表达清晰

如果说话啰唆，概念模糊，意思未能表达清楚，会严重影响沟通。所以，交谈中要注意措辞，用简练的语言表达自己的意思，令客户能听得清楚。

4. 用语注意影响及后果

跟客户沟通时，要树立企业和自身的正面形象，不说不该说的话，不对竞争厂家、业务人员及产品进行诋毁，不说夸大不实之词，不向客户许诺无法做到的事等。

小贴士

与潜在客户沟通时避免使用的肢体语言如表 4-4-5 所示。

表 4-4-5　与潜在客户沟通时避免使用的肢体语言

避免使用的肢体语言类型	行为表现及潜在负面信号
消极的姿势	逃避眼神交流
	双手交叉放在胸前（表示自我封闭或隐藏什么）
	双手置于臀部（表示抵制）
	站立时身体左右晃动（分散别人精力，而且表示你不想待在这里）
	坐着时腿部晃动（分散别人精力，而且表示你想离开）
	双手放在脸上或嘴边（表示逃避或隐藏什么）
	用一个手指做出手势（传递出强制性，可能会引起潜在客户的抵制）

项目五 职场写作入门

职场写作是毕业生走入职场的必备技能之一。毕业生想要快速融入社会，适应岗位需求，就需要通过项目化练习、模仿优秀范文写作熟练掌握各类文书写作要领，学习和掌握贴近现代企业实际情况需求的写作知识和技巧。

任务1 求职简历

* * * * * * * * * * * * * * *

学习目标

- **知识目标**

  1. 能够说出简历的主要内容。
  2. 能够说出制作简历时的注意事项。

- **技能目标**

  能够根据招聘信息和自己的实际情况为自己制作一份求职简历。

- **素质目标**

  能够在简历制作过程中认识自我、认识社会、认识岗位。

- **思政目标**

  1. 能够具备积极向上的职业态度、锐意进取的求职精神。
  2. 能够具备正确、诚信的求职就业观念。

课前学习任务

头脑风暴：什么是求职简历？求职简历一般包括几个要素？

一、课前任务反馈

二、课中活动

（一）导航

临近毕业，××师范大学中文专业的学生李×需要投递简历，参加校园招聘会。以下是他的简历，请指出其中需要修改的地方。

仔细阅读下面的简历（表 5-1-1），说一说有什么地方需要修改。

表 5-1-1　个人简历

<table>
<tr><td>姓名</td><td colspan="2">李×</td><td>性别</td><td colspan="2">男</td><td rowspan="6">照片（生活照）</td></tr>
<tr><td>婚姻状况</td><td colspan="2">未婚</td><td>出生年月</td><td colspan="2">20××年××月</td></tr>
<tr><td>民族</td><td colspan="2">满族</td><td>身高</td><td colspan="2">1. 75m</td></tr>
<tr><td>学历</td><td colspan="2">学士</td><td>籍贯</td><td colspan="2">××省</td></tr>
<tr><td>毕业学校</td><td colspan="2">××师范大学</td><td>专业</td><td colspan="2">中文</td></tr>
<tr><td>联系电话</td><td colspan="2">××</td><td>邮箱</td><td colspan="2">××@ 163. com</td></tr>
<tr><td>联系地址</td><td colspan="6">××</td></tr>
<tr><td colspan="7">教育与培训经历</td></tr>
<tr><td colspan="2">时间</td><td colspan="3">校院名称/培训机构</td><td>专业/课程</td><td>学历</td></tr>
<tr><td colspan="2">20××年 9 月到 20××年 7 月</td><td colspan="3">××师范大学</td><td>中文</td><td>本科</td></tr>
<tr><td colspan="2">20××年暑假</td><td colspan="3">专业资格培训中心</td><td>秘书资格培训</td><td></td></tr>
<tr><td colspan="7">技能及资格证书</td></tr>
<tr><td colspan="7">★秘书技能功底扎实，获全国秘书资格三级证书
★能熟练操作 Office 等基本办公软件，获全国计算机二级证书
★英语口语表达较好，能进行基本的口语交际，获全国英语六级证书</td></tr>
<tr><td colspan="7">工作经历</td></tr>
<tr><td colspan="7">★曾在××超市做收银员
★20××年暑假在报社实习
★大学期间任班级组织委员一职</td></tr>
<tr><td colspan="7">所获奖励</td></tr>
<tr><td colspan="7">★20××年××月获普通话二级甲等证书
★20××年××月获军训“优秀学员”荣誉称号
★连续多年获专业“一等奖学金”
★20××年××月获“优秀实习生”称号</td></tr>
<tr><td colspan="7">求职意向</td></tr>
<tr><td colspan="7">办公室文秘、助理、人力资源岗等</td></tr>
<tr><td colspan="7">自我评价</td></tr>
<tr><td colspan="7">活泼、开朗、自信、勇敢、乐观</td></tr>
</table>

（二）各个击破

结合知识链接部分，逐一突破。

要求：多用关键词、行为词、数字、结果说话；条理清晰，分条列项。

1. 个人基本信息

____

____

2. 求职意向

3. 教育经历

4. 实践与工作经历

5. 技能水平

6. 奖励情况

7. 证书情况

8. 自我评价

(三) 综合实战

设计一份电子简历。

三、课后活动

组织小组互换简历，相互评分、修改。

四、知识链接

(一) 求职简历的含义

求职简历是个人向用人单位介绍自己以往的主要经历时所使用的一种应用写作文体，是求职者将自己与所申请职位紧密相关的个人信息，经过分析整理并清晰简要地表述出来的书面求职资料。求职简历是招聘者决定是否给予面试机会的极重要的依据性材料。

（二）求职简历的基本要素

1. 个人基本信息

个人基本信息包括姓名、性别、出生年月、籍贯、居住地、民族、政治面貌、职务、职称、毕业院校、专业、学历、学位、毕业时间、联系方式等。

2. 求职意向

一般可以结合应聘岗位明确指出，也可以指明你希望工作的行业或领域等。

3. 教育经历

一般按照倒叙来写自己的学习过程，主要写最高学历，描述你什么时间在什么学校就读于什么专业，以及主修、辅修与选修的课程，尤其要体现与你所谋求的职位有关的科目和专业知识。

4. 实践与工作经历

对于没有工作经历的应届毕业生而言，这里可以填写参加校内外实践活动、担任学生干部、兼职、实习等经历。对于已经有工作经验的求职者，这个项目填写的则是所从事过的工作经历，重点应该描述何时何地、从事何种工作、取得何种成就，要注意突出主要才能、贡献成果、有典型意义的事迹等。此外，如果是已有工作经验的求职者，这个项目可以被放到教育经历的前面。

5. 技能水平

结合应聘岗位要求，具体描述你所具备的技能。如：能够熟练使用××或精通××，能够完成××工作。

6. 奖励情况

写清楚何时何地获得何种级别的奖励。根据自身实际和岗位需求填写。可以将个人荣誉写在前，团队集体荣誉写在后；含金量高的写在前，含金量低的写在后或不写；近期奖励写在前，太久以前的奖励不写，如小学和中学时期的奖励不写。

7. 证书情况

写清楚何时获得何种证书。

8. 自我评价

自我评价是对整份简历中自己最大的求职优势进行总结。

9. 证明材料

简历的最后一般是列举有关的证明及有关附件性参考资料。

（三）求职简历的格式

求职简历的格式一般包括条文式和表格式。

条文式个人简历模板如表 5-1-2 所示。

表 5-1-2　条文式求职简历模板

个人信息	
姓名：　　　　出生年月： 政治面貌：　　联系方式： ……	照片
求职意向	
教育经历	
实践与工作经历	
技能证书	
获奖情况	
自我评价	

（四）求职简历的写作原则

求职简历的写作原则如表 5-1-3 所示。

表 5-1-3　求职简历的写作原则

写作原则	具体解释
真实性	不要虚构日期或职务来掩盖你未从事过社会实践的事实
独特性	跨国公司实习、做奥运会志愿者、市级以上竞赛获奖、做海外交换生、做学生会或社团领导、创业等特殊的经历
相关性	1. 根据简历各大要素内容与职位的相关性程度进行顺序调整或取舍 2. 突出相关实践、培训经历或者主修（辅修）课程等

续表

写作原则	具体解释
简洁性	1. 在激烈的竞争中，HR 会提高简历的筛选速度，每份简历平均阅读时间为 10—30 秒，简历的阅读时间最好不超过 3 分钟，最佳效果是他人在最短的时间内获得你的最多信息 2. “内涵丰富”和“外表简洁”共存是最佳状态，这可以让 HR 对你的优势一目了然
针对性	1. 针对每一个公司的基本情况和每一个职位的具体要求 2. 一定要注明求职的职位，每份简历都要根据你所申请的职位来设计

（五）撰写求职简历的注意事项

你可能要与几百个甚至几千个应聘者竞争，所以必须设法展现自己的才能，迅速抓住未来雇主的注意力，出奇制胜。

在招聘者的挑选过程中，简历是你唯一能够全权控制的部分，它的质量则与你的准备程度成正比。

（1）内容资料要简明扼要。

（2）避免咬文嚼字，以及使用令人难以理解的措辞，用词力求精确。

（3）用第三人称的立场写作，如此你便可以强调自己的成就，又不会显得自吹自擂。这是最标准的引荐方式，也能增强内容的权威性。

（4）用证据证明实力时不要只列出过去的职责，而是要强调你如何做出成果，要显示出你的与众不同。用精准的事实和数据把已取得的成就罗列清楚。

（5）采用效果良好的打印机，如果你给对方的是影印本，要保证影印效果。

（6）需要强调的部分采用粗体字，但是不要用太多花哨的字体或斜体字，因为会分散对方对于重点讯息的注意力。

（7）版面设计必须吸引人而且容易阅读，把简历设计得落落大方。

（8）采用强而有力的字眼显示你如何取得成果。

（9）篇幅上短小精美，最好以两页为限，并且一定要把重点写在第一页。

（10）要积极争取，诚信为本。

（六）求职简历的评价标准

求职简历的评价标准如表 5-1-4 所示。

表 5-1-4　求职简历的评价标准一览表

项目	标准	说明
逻辑	项目清楚	简历的项目设置及顺序安排合理，逻辑上没有交叉，重点突出
内容	完整准确	简历的信息没有遗漏和错误
	针对性强	简历上没有多余信息
表达	版式疏朗	字体不宜太小，用计算机排版打印，版面疏朗有致，按照规范版式设计填写
	语言简明	语言简洁、规范、准确，直白而不华丽

小贴士

这样做会更好

(1) 检查简历中的联系方式是否有错误，包括手机号码、电子邮箱等。保证联系渠道的畅通。

(2) 对于英文简历，可以利用 Word 软件中的“拼写和语法自动检查”功能，查找、修改拼写和语法上的错误。

(3) 将简历打印出来，检查打印出来的效果，包括版式、字体大小、页边距等。

(4) 熟悉简历，然后模拟面试官，就简历上的信息进行自我提问、自我回答。

(5) 将自己的简历传给同学、老师或专业人士，听取别人对你的简历的意见和建议。

任务 2 请假条

* * * * * * * * * * * * * *

学习目标

- **知识目标**

  1. 能够说出请假条的结构。
  2. 能够说出请假条的格式要求。

- **技能目标**

  能够按要求书写一份内容完整、格式规范、无错别字的请假条。

- **素质目标**

  能够树立规矩意识，养成在职场自觉遵守请假制度的习惯。

- **思政目标**

  能够具备诚实守信、实事求是的职业精神。

课前学习任务

请思考：什么情况下需要使用请假条？请假条包含哪些要素？将答案写在课前任务反馈的横线上。

一、课前任务反馈

二、课中活动

（一）导航

韩梅梅同学因患重感冒，需要到医院就诊，不能按时上课，因而她写了一张请假条给老师。

王老师：

我因身体不适，不能坚持上课，须请假一天，望回复。

学生：韩梅梅

想一想：该请假条存在哪些问题？

（二）各个击破

（1）标题的格式需要注意什么？

（2）称谓的格式需要注意什么？

（3）请假的原因怎么写更具体充分？

（4）请假的时间怎么写更明确？

（5）请假条的结束语可以写什么？

（6）请假条的落款部分包括哪些要素，格式需要注意什么？

（三）综合实战

假如你要参加××省第×届职业技能比赛，需要请假3天，请拟写一张请假条。

三、课后活动

搜索《中华人民共和国劳动法》中请假制度的相关规定，谈一谈感想。

四、知识链接

（一）请假条的含义

请假条是指因故需要请假而写给有关当事人的便条。

请假条主要说明请假的原因和时间。请假的原因即理由必须充分并符合有关的规章制度。

（二）请假条的种类

请假条一般有事假条和病假条两种。

（三）请假条的结构

请假条由标题、称呼、正文、署名、日期等几部分组成。

1. 标题

用“请假条”三个字即可。标题在第一行居中位置。

2. 称呼

须有称呼。写平时称呼即可，不必用表示尊敬、亲热的词语，如“敬爱的××”“亲爱的××”等。称呼在标题下一行，顶格写，后加冒号（:）。

3. 正文

正文一般由请假原因、请假时间、结束语组成。

请假的原因要具体充分，请假的时间要写明起止时间。结束语多用“请予以批准”“恳请批准”“此致敬礼”等。

正文开头部分不像书信，不需要写表示问候的话语，直述其事即可。正文在称呼下一行，空两个字符，回行时顶格写。请假条一般比较简单，用一段文字写清楚即可。

4. 署名

署名一般在结束语下一行右下方位置。如果是学生向老师请假，在名字前面可加上“学生”二字，表示对老师的尊重。

5. 日期

日期一般在署名下一行。要写清楚年、月、日，并用阿拉伯数字写完整。

（四）请假条的参考模板

请假条

××经理：

　　我因××，须请假两天（××月××日至××月××日），请予以批准。

　　此致

敬礼

请假人：××

20××年××月××日

任务3　计　划

学习目标

- **知识目标**

  1. 能够说出计划的结构。

  2. 能够说出计划的格式要求。

- **技能目标**

  能够撰写一份格式规范、结构完整、内容完备、表述正确的个人计划。

- **素质目标**

  1. 能够增强时间意识。

  2. 能够具备提前规划的职业素养。

- **思政目标**

  能够志存高远、脚踏实地，向着目标前进。

课前学习任务

了解什么是计划，并分享一个你曾经制订计划且成功实施的案例。

一、课前任务反馈

二、课中活动

（一）导航

甲同学：

不知不觉，快到寒假了，这个学期，我学习方面到底做得怎样？语文知识我掌握了多少？阅读了几本课外书？我觉得自己这学期在学习方面不够努力，应该好好利用这个寒假努力学习语文，多读课外书，坚持练习写作，多听语文方面的讲座。

乙同学：

寒假来临，我要着重复习语文课程内容，特别要练好读书基本功。

（1）参加补习班。不迟到、不缺席，用心听讲，按时、按要求完成作业。

（2）听讲座。结合讲座内容，系统梳理所学的语文知识。精读10个重点名篇，并做读书笔记。

（3）自学《中国古诗词》一书。每日读练20首，假期完成300篇诗词诵读积累。

（4）坚持记日记，假期至少完成3篇写作练习，在写作中纠正错别字。

（5）每周末检查一次计划的执行情况，提出改进办法。

评一评：两位同学的寒假语文学习计划哪个更好？为什么？

（二）各个击破

从 3 个主题（每月的消费计划/每周体育锻炼计划/某项专业技能考级计划）中任选 1 个，制订一份你当前最需要制订的计划。

1. 标题

2. 前言

3. 主体

4. 结尾

5. 落款

（三）综合实战

阅读下列病文，指出错误或不合理之处，并修改。

学普通话个人学习计划

一、学习目标

（1）提高自身综合素质。

（2）提高自身专业能力。

（3）拓展自身知识面。

（4）增强自身解决问题的能力。

二、学习计划

（1）提高学习效率。

（2）提高语言表达能力。

（3）提高思维逻辑能力。

三、学习方法

（1）多种途径学习。

（2）坚持不懈。

三、课后活动

请根据下面的要求制订一份时间管理任务清单。

要求：列出在未来一个月内自己要完成的任务，尽可能详细些，包括工作、学习、娱乐生活等。表达方式不限，可以选用文字、图形或者符号。对所列出的事项按照轻重缓急进行排序。在自己制作的时间表中，找出哪些事件可能会让你分心，从而不能完成任务，并思考如何规避。

时间管理任务清单：

四、知识链接

（一）计划的含义与作用

计划是单位或个人为了在特定时间内完成某项任务或目标，事先对工作进行部署而撰写的事务性文书，包括目标、任务、方法、措施等方面的内容。有了计划，可以提高工作的预见性和自觉性，为工作的顺利开展提供保障。

（二）计划的名称

计划是计划类文书的统称，它有不同名称。(表 5-3-1)

表 5-3-1　计划的不同名称

名称	时限	内容特点	示例
纲要	长期	事件大、原则性强的事务安排	《大中小学劳动教育指导纲要》
规划	长期	涉及面广，规模大，内容较概括，用于定规模、定方向、定远景	《××公司“十四五”发展规划》
设想	长远	对工作任务做粗线条、非正式的安排	《“一带一路”倡议和设想》
计划	一段时间	年度的全面事务安排	《××学校 20××—20××学年工作计划》
要点	一段时间	计划的摘要，即经过整理，把主要内容摘出来的计划，一般以文件形式下发的计划都采用“要点”的形式	《××学校 20××年工作要点》
方案	近（短）期	就某项任务做出具体实施和全面安排，专业性强，可执行性强	《××学校专项整治行动方案》
安排	短期	任务明确，内容单一，措施具体	《××集团签约日程安排》
打算、思路	短期	时间短、事件小或初步的、粗略的、未成熟的事务安排	《个人黄金周旅游打算》

（三）计划的特点

1. 目标的明确性

任何计划都是为了在一定时期内完成某个预定的目标或任务而制订的。计划的制订必须目标明确，评价一份计划优劣的重要标准就是计划目标是否明确，能否起到指导、激励和鼓舞作用。事先准备充分、目标明确、行动有序，才有可能顺利完成任务。

2. 内容的针对性

计划是针对本部门、本单位的实际情况，并结合形势的发展和上级的要求等主客观条件制订的。计划一经确定，就对实施者具有约束力，以此规范人们的行为。

3. 措施的可行性

一份好的计划，其实施步骤、方法和措施应是切实可行的，应明确、具体，便于操作和检查。

4. 对未来的预见性

计划应对未来做出科学的预见，对未来一定时期内可能完成的目标、可能遇到的困难和问题做出预见，并提出实施目标的步骤和必要的防范措施，以及解决困难、问题的方法。

（四）计划的种类

基于不同的划分方法，计划有不同的种类，具体如表 5-3-2 所示。

表 5-3-2　计划的种类

划分方法	常见种类
按性质分	综合性计划、专项计划等
按内容分	工作计划、学习计划、生产计划、销售计划等
按时间分	长期计划、中期计划、年度计划、季度计划、月计划、周计划等 长期计划（5 年以上）一般称为规划
按范围分	国家计划、地区计划、单位计划、部门计划、个人计划等
按写作形式分	条文式计划、表格式计划、图示式计划、综合式计划等

（五）计划的结构

计划由标题、正文、落款等部分组成。

1. 标题

标题又可分为完整式标题、省略式标题和仿公文式标题。

（1）完整式。完整式标题一般由单位名称、时限、内容、计划名称组成，如《××公司 20××年营销工作计划》。

（2）省略式。省略式标题是对完整式标题有所省略的标题，根据省略的要素不同可以分为：省略时限标题，如《××公司营销工作计划》；省略单位或个人名字标题，如《20××年营销工作计划》；省略单位和时限标题，如《营销工作计划》。

（3）仿公文式。仿公文式标题由单位名称、事由（关于……）和文种构成，如《××总公司关于 20××年机构改革工作的方案》。

2. 正文

（1）前言。

简要写明制订计划的依据，阐明指导思想，或概述基本情况，说明背景条件。一般用“根据（为了）……”这样的句式引出。

（2）主体。

主体主要从任务要求（做什么）和方法措施（怎么做）两个方面撰写。

任务要求是计划要实现的目标，包括工作内容和工作进度。应明确写出在一定时间内要完成的工作、达到的指标，包括任务的数量、质量、完成程度、时间期限等，要合理适度。

方法措施主要说明怎样做，应写明分几个步骤实施（先做什么、后做什么）、采用何种方法、人力如何安排（怎样分工、由谁负责）、时间如何分配（哪个时限完成）等，要具体可行。

（3）结尾。

结尾写出修订或检查计划的方式方法、注意事项等有关内容，该部分也可以省略。

3. 落款

落款注明制订计划的单位部门名称或个人姓名及计划成文日期。如果标题中已经包括单位部门名称，落款可只写成文日期；如果是个人计划，一般在落款处署名。

（六）计划的参考模板

××公司20××年××计划（方案、规划等）

根据××，为实现××目标，现制订××计划如下：

一、任务要求

……

二、方法措施

（一）……

（二）……

（三）……

××公司

××年××月××日

小贴士

计划的“三要素”与写作要求

“三要素”

（1）目标（任务和指标）：这是计划的工作方向。

（2）措施（完成任务的途径和方法）：这是实现计划的保证。

(3) 步骤(工作的程序和时间安排):这是对计划的具体落实。

写作要求

(1) 确立正确的目标。

制订的计划目标要具体、可衡量。忌写空话,要用数据说话。目标不要强调工作过程,而应强调成果。目标既要具有挑战性,还要切实可行。

(2) 制定科学的措施。

措施要围绕目标任务来写,要具体可行。

(3) 注意语言的表达。

表达要准确,意思要清楚。语言要平实、庄重。文字要精练。

任务4 总 结

学习目标

- **知识目标**

  1. 能够说出总结的结构。

  2. 能够说出总结的格式要求。

- **技能目标**

  能够撰写一份格式规范、结构完整、内容完备、表述正确的个人总结。

- **素质目标**

  能够认识到总结的重要作用,养成定期总结的习惯。

- **思政目标**

  能够保持认真严谨的工作态度,及时反思自省。

课前学习任务

了解什么是总结,并用关键词列出自己本学期取得的成绩、存在的问题。

一、课前任务反馈

二、课中活动

（一）导航

时间总是过得很快，进入大学已经快有两年了，我不再是两年前那个对大学一知半解、懵懵懂懂的小女生了。

大一的时候，觉得什么都新鲜，对大学生活充满憧憬。社团、学生会、各类竞赛活动，我一样也不落地参与其中。那个时候觉得什么都是有趣的，自己有时候也忙得稀里糊涂的。大一就在这样的状态中匆匆而过。虽然离开家或多或少有些不习惯，但身边有舍友、同学和很多新朋友，日子也过得有滋有味。

过了一个暑假，就到大二了。我现在有时候会觉得自己好像还是大一的学生，怎么也缓不过来。不过看着大一的“小孩们”脸上荡漾着和我们大一时候一样的憧憬和好奇时，便会觉得我确实大二了。在大二，我褪去了大一时候的稚嫩。虽然也还是一个学生，但感觉自己在思想上稍微成熟了一些。不再对所有的活动都好奇了，就挑选自己感兴趣的参加，也开始考虑考研或工作的方向，对大学生涯有了比较清晰的规划。

想想真的很快，大学大半时间已过去。在接下来的两年多，我要更加努力实现自己的目标。

评一评：这位同学的总结写得好不好？为什么？

（二）各个击破

根据自己本学期在学习、生活、参加活动、比赛等方面的实际情况，写一篇总结。

1. 标题

2. 前言

3. 主体

4. 结尾

5. 落款

（三）综合实战

将撰写好的总结用 PPT 的形式呈现，并在班级内进行分享交流。

三、课后活动

结合总结的内涵，谈谈你对“前事不忘，后事之师”的理解。

四、知识链接

（一）总结的含义

总结是人们对前一段的工作、学习等进行全面系统的回顾、分析和评价，从中找出经验教训和规律性的东西，用以指导今后工作而形成的事务文书。广义的总结包括个人总结和单位总结。

总结类文书最常用的名称是“总结”，除此之外，还有“小结”“回顾”“体会”“经验”“做法”等名称。

（二）总结的特点

1. 目的性

总结的目的是通过查找过去实践中的经验和教训，得出规律性的结论，用以指导今后的工作。

2. 实践性

总结以回顾实践或工作的全过程为前提。自身实践的事实，尤其是工作中的典型事例和确凿数据是一篇总结得出正确结论的基础。

3. 概括性

总结不是事无巨细记“流水账”，而是在有限的篇幅里，选择最主要、最能说明问题的材料，进行精要的叙述和评议，得出规律性结论。总结是一种高度的概括，是对自身实践活动的浓缩。

4. 理论性

总结的理论性表现在，通过总结，将实践中获得的大量零散的、感性的认识上升为系统化的理性认识。能否找出带规律性的认识，用以指导今后的工作，是衡量一篇总结质量好坏的标准。

（三）总结的种类

根据不同的划分方法，总结可以划分为不同的种类，具体种类如表 5-4-1 所示。

表 5-4-1　总结的种类

划分方法	常见种类
按内容分	工作总结、学习总结、科研总结、会议总结、思想总结等
按范围分	全国总结、地区总结、单位总结、部门总结、个人总结等
按时间分	年度总结、半年总结、季度总结、月总结等
按性质分	综合性总结、专题性总结等
按进程分	阶段性总结、全程性总结等

（四）总结的结构

总结由标题、正文、落款等部分组成。

1. 标题

标题又可分为公文式标题、文章式标题。

（1）公文式标题。其包括单位部门名称、期限、内容、文种，如《××公司人力资源部20××年度工作总结》。单位部门名称、期限可省略。

（2）文章式标题。对总结的主要内容或观点进行提炼和概括，如《高科技创造出高效益》《我们是如何走产、学、研相结合之路的》。

2. 正文

（1）前言。

前言一般介绍背景、基本概况等；也可说明总结的指导思想或写作目的，并做出基本评价。前言力求简明扼要、开门见山，起到提挈下文的作用。

（2）主体。

总结的主体要反映出成绩与措施、经验与教训等。成绩与措施是基础材料，经验与教训是重点。在介绍中，既要有整体概况，又要有典型事例、具体数据及经过分析提炼得出的规律性结论，做到点面结合，由感性认识上升到理性认识。主体的结构形式有以下几种：

① 逻辑顺序结构，即根据材料的性质、特点分别归类，总结出观点，依照重要程度分条列项去写，做到结构清晰、主次分明。

② 时间顺序结构，即按照工作程序或事物发展的时间顺序写。

③ 混合式结构，即既注意所总结事项的性质和内容逻辑上的关联，又考虑时间发展顺序。例如，可按照逻辑顺序分条列项写出工作成绩，在每个具体项目上又按照时间顺序写出各个时间段的发展概况。

（3）结尾。

结尾通常写今后的努力方向和开展工作的设想。有的总结以正面总结经验为主，结尾可写出不足；有的总结主体部分已经充分谈到不足和今后设想，结尾可省略。

3. 落款

落款注明总结的单位部门名称、个人姓名及成文日期。如果在标题中已经出现了单位部门名称，落款处可以只写成文日期。

（五）总结的写作要求

（1）真实性。

总结是人们自身实践活动的真实反映，应当完全忠实于客观事实。它所用的材料必须是实际情况，它的观点应该是从自身实践活动中恰当地抽象出来的认识和规律，不能强扭角度，任意拔高。

（2）理论性。

总结不只是反映工作的过程和情况，更重要的是通过对情况的分析和研究，从感性认识上升到理性认识，即找出规律性的东西，达到理论高度。

（3）本体性。

总结是本地区、本部门或本人实践活动的反映和概括，因此都用第一人称（单位总结用“我们”，个人总结用“我”）。而且，写作要用自身活动中的材料。

（六）总结的参考模板

××工作总结

××年，在××的领导下，在××的共同努力下，××开展了××工作，取得了××的成绩，现将本阶段工作总结如下：

一、完成情况、成绩及经验

……

二、存在的问题及原因分析

……

三、今后的打算

……

××（单位或个人）
××年××月××日

小贴士

总结的写作技巧如表 5-4-2 所示。

表 5-4-2 总结的写作技巧

正文	基本概况	成绩、经验	存在问题	今后努力方向
内容安排	引用数据和最有代表性的事实，点明主要的成就	学会使用一些具体的事例作为材料，来突出重点	存在问题是综合总结中不可缺少的部分	针对工作中的不足，提出意见或建议
语言要求	使用高度概括的语言	以叙述为主，夹叙夹议	写存在的问题时，必须注意实事求是	最好包括措施、办法

项目六 职场写作提升

职场写作提升是在职场写作入门的基础上，对当今大学生写作能力提出的更高要求。以项目化活动为引领，以写作训练为重点，以训练写作技能为主线，以强化写作职业素质与工作环境的渗透为特色，着力提升学生的写作技能和职业能力。

任务1 请　示

* * * * * * * * * * * * * * *

学习目标

- **知识目标**

  1. 能够说出请示的适用范围和种类。
  2. 能够说出请示的结构。

- **技能目标**

  能够根据请示写作要求写出规范的批准类请示。

- **素质目标**

  能够充分认识请示的特点，提升公文写作素养。

- **思政目标**

  能够树立规矩意识，能够坚持实事求是、守法诚信的精神。

课前学习任务

申请和请示有何不同？

一、课前任务反馈

二、课中活动

（一）导航

某公司销售部新增5名员工后，现有的办公设备已无法满足日常工作的需求。根据公司管理制度规定，当单次办公用品采购金额超过5 000元时，必须向上级部门提交书面请示。

思考：什么是请示？请示的适用范围是什么？

（二）各个击破

1. 阅读理解知识链接部分，完成下列题目

（1）请示的行文方向是（　　）。

A. 上行文　　B. 下行文　　C. 平行文

（2）下列事项中，应该用请示行文的是（　　）。

A. ××乡政府拟行文请求上级拨款修复因水灾而损毁的学校

B. ××县政府拟行文向上级汇报本县灾情

C. ××县政府拟行文请求上级批准引进肉食品加工自动化生产线

D. ××市××局拟行文请求上级批准成立法规处

（3）以下关于请示的结构的说法，正确的是（　　）。

A. 由标题、正文、落款三部分构成

B. 由标题、主送机关、正文、落款四部分构成

C. 由标题、称谓、正文、落款四部分构成

2. 病文改错

《关于要求解决学生宿舍拥挤等问题的请示报告》

市人民政府、市教育局

我校今年由于住宿生急剧增加，造成学生住宿十分困难，严重影响学生的学习、生活。为解决这一困难，我校决定再建一栋学生宿舍楼。另外，我校图书馆也尚未达到省“两基”标准，望上级部门给予适当支持。

特此请示，请回复。

××市第二职业中学

（1）标题存在什么问题？请指出并改正。

（2）主送机关方面存在什么问题？请指出并改正。

（3）正文存在什么问题？请指出并改正。

（4）落款存在什么问题？请指出并改正。

（三）综合实战

××商贸学校经过几年的发展已升格为××商贸职业技术学院，在校生人数已超过13 000人，但是学校的一些教学设施一时不能适应其发展规模的需要，特别是缺乏一座独立的图书馆，这既影响了学生的学习，也制约了学校的发展。为解决这一问题，学校拟建造一座三层楼的图书馆。

请以××商贸职业技术学院的名义拟定一份请示。

三、课后活动

搜集一份请示。

四、知识链接

（一）请示的含义

请示是下级机关在向上级机关请求指示、批准时所使用的一种党政机关公文。使用请示时一定要慎重，凡属本机关职权范围内可以解决，或上级机关以往政策中已明确的问题，不应在请示之列。凡属职权范围内无权解决、无力解决或不知如何解决的问题，均应使用请示文种报请上级机关给予裁决、批示或批准。

（二）请示的特点

1. 行文内容的请求性

请示是向上级机关请求指示和批准的公文，具有请求性。请求帮助是最根本的行文目的。

2. 行文目的的求复性

请示的目的是请求上级机关指示、批准，解决具体问题，要求做出明确批复。请示属于强制回复的上行文，上级机关收到下级机关的请示后，应及时答复。

3. 行文时间的超前性

请示必须在事前行文，上级机关批复之后才能付诸实施，切忌先斩后奏。

4. 请求事项的单一性

为便于领导批复，请示行文必须一文一事，即每则请示只能提出批复一个事项、解决一个问题。

（三）请示的种类

请示的种类如表 6-1-1 所示。

表 6-1-1　请示的种类

类别	特征
请求指示的请示	当下级机关对有关政策、方针、法规制度不甚理解；或在工作中遇到特殊情况，无法执行现行规定；或与有关机关在较为重要的问题上出现意见分歧时，则行文向上级机关请求指示或做出裁决
请求批准的请示	下级机关请求上级机关对有关规定、方案、规划等进行审核、认可、批准；或请求上级机关审批某些项目、指标，尤其是给予人员、资金、物资等方面的支持；或某职能部门在职权范围内制定了相关的办法、措施，却不能直接要求平级机关和不相隶属机关照办，便可请求上级机关批转给有关部门执行

（四）请示的结构

请示一般由标题、主送机关、正文、落款、附注等组成。

1. 标题

请示的标题一般采用完整式标题，包括发文机关、事由和文种三部分，正式发文时，由于红头文件（版头部分）有发文机关标志，所以可以省略发文机关。但须注意的是，在拟定请示标题时，事由部分的措辞尽可能不出现“申请”“请求”类词语，文种部分也不能将“请示”写成“请示报告”。

2. 主送机关

请示的主送机关应为具有隶属关系的上级机关或业务主管部门，也就是行文时须确定一个负责受理请示的上级机关。但请注意，请示不可直接呈送领导个人，也不可抄送同级或下级机关。

3. 正文

正文一般由开头、主体和结语三个部分组成。

（1）开头。主要交代请示的缘由。它是请示事项能否成立的前提，也是上级机关批复的依据。原因要客观、具体，理由要合理、充分，这样上级机关才能及时决断，予以有针对性的批复。

（2）主体。主要说明请示事项。提出的请示事项，要符合有关方针、政策，切实可行。这部分内容要单一，一文一事。另外，请示事项要写得具体、明确、条项清楚，以便上级机关给予明确批复。如果涉及人、财、物，要有数目和佐证材料，活动内容、预算方案等可写在附件上。

（3）结语。应另起一行并根据请示目的选用祈请式语句，如“当否，请批示”“妥否，请批复”“特此请示，请批复”“以上请示，请予审批”等。

当然，两种类型的请示正文写法有所不同。

请求指示的请示正文的写法：所遇问题+处理意见+“请指示”。

请求批准的请示正文的写法：充分理由+请批事项+“请批复”。

4. 落款

在正文右下部分署上发文机关名称，在发文机关署名下一行写上成文日期（居右空四字，用阿拉伯数字标注）。

5. 附注

请示一般应标有附注，即在附注处注明联系人姓名和联系电话，以便上级机关就请示内容与下级机关进行沟通。附注位于成文日期下一行居左空两字，并加圆括号，具体写法和位置请见例文。

（五）请示的参考模板

请示的参考模板如表 6-1-2 所示。

表 6-1-2　请示的参考模板

拟写顺序	文稿模板
标题 ↓ 主送机关 ↓ 缘由 ↓ 事项 ↓ 结语 ↓ 落款 ↓ 附注	**××（发文机关）关于××的请示** ××：（主送机关，只能一个） 为了/根据××（请示事项和要求的理由和依据）。特请示/现请求××（请示上级机关批准、帮助、解答的具体事项，如方针、政策、办法、措施、主张看法等）。 以上问题，请指示。/妥否，请批复。 ××（盖章） ××年××月××日 （联系人：××，联系电话：××）

（六）例文

××市税务局关于增拨办税大厅基建经费的请示

××市人民政府：

市政府××年拨给我局修建办税大厅的基建费×万元，我们专款专用。办税大厅的基建也严格按计划进行。但由于近两三年来建筑材料大幅涨价（钢材每吨由××元涨到××元，涨幅×%；水泥每吨由××元涨到××元，涨幅×%），致使办税大厅的基建预算资金出现××万元的缺口，这将严重影响办税大厅修建的进度。为了保证办税大厅的修建如期竣工，我们请求增拨办税大厅基建费××万元。

特此请示，请批复。

附件：××办税大厅基建费开支情况表

××市税务局（盖章）
××年××月××日

（联系人：××，联系电话：××）

小贴士

请示注意事项

（1）在下级机关请求指示、批准时使用。
（2）一文一事。
（3）一般不得越级请示。
（4）只有一个主送机关。
（5）不能请示、报告混用。
（6）请示缘由要充分。
（7）请示事项要明确。

任务2　通　知

学习目标

- **知识目标**
  1. 能够说出通知的适用范围和种类。
  2. 能够说出通知的结构。
- **技能目标**
  能够根据通知写作格式和要点写出规范的会议通知。
- **素质目标**
  能够充分认识通知的特点，提升公文写作素养。
- **思政目标**
  能够坚持高度负责、严谨细致的态度。

课前学习任务

搜集一份会议通知，梳理其结构要素有哪些。

一、课前任务反馈

二、课中活动

（一）导航

某大学学生会计划于下周举办读书分享会，诚邀全校学生自愿参与。依据学校社团活动管理相关规定，面向全校的校园活动须提前发布通知，以明确活动具体安排。

思考：什么是通知？通知的适用范围是什么？

（二）各个击破

1. 阅读知识链接部分，完成下列题目

（1）通知的行文方向可以是（　　）。

A. 上行文　　　　B. 下行文　　　　C. 平行文

（2）通知的类别包括（　　）。

A. 指示性通知　　B. 周知性通知　　C. 发布性通知

D. 批转性通知　　E. 转发性通知

（3）下列事项中，应该用通知行文的是（　　）。

A. ××职业学院拟颁布一项管理办法

B. ××教育局告知相关学校参加××会议

C. ××职业学院拟批评××部门××老师玩忽职守

D. ××职业学院拟转发《××厅关于配齐建强高校党务和思想政治工作队伍的指导意见》

E. ××公司公布新设部门负责人任命情况

（4）以下关于通知的结构的说法，正确的是（　　）。

A. 由标题、正文、落款三部分组成

B. 由标题、主送机关、正文、落款四部分组成

C. 由标题、称谓、正文、落款四部分组成

2. 完成通知各部分写作

（1）学校准备召开第三届学生代表大会，要发会议通知，标题应怎么写？

（2）学校准备召开第三届学生代表大会，要通知到所有的下属学院，主送机关应怎么写？

（3）学校准备召开第三届学生代表大会，要发会议通知，应该写清楚哪些内容？

（4）以上通知的落款应该怎么写？

（三）综合实战

请根据以下材料拟写一份会议通知，可自行添加会议议程、交通信息等内容。

全国市场营销协会决定于××年××月××日至××日在云南省昆明市召开一年一度的营销协会年会，于××月××日发出会议通知。会议的内容是研究和探讨当前营销学的有关学术问题和热点问题，全国市场营销协会的会员均可参加。会期为7天，××月××日报到，报到地点是云南省昆明市××路××号昆明市××酒店，开会地点是昆明市××酒店会议厅。要求：每位与会者于会前半个月提交相关学术论文一篇。交通食宿费自理。若有其他未尽事项，请联系年会秘书组。联系电话：××；联系人：××；邮箱：××@ 126. com。

三、课后活动

进一步了解其他类型通知的写法，并总结特点。

四、知识链接

（一）通知的含义

通知，适用于发布、传达要求下级机关执行和有关单位周知或者执行的事项，批转、转发公文。通知的行文方向十分灵活，可用于向平级或不相隶属机关行文，也可用于向下级行文，后者使用更多。

（二）通知的特点

1. 功能的多样性

通知的功能强大，可布置工作、传达指示、晓谕事项、发布规章、批转和转发文件、任免干部等。

2. 运用的广泛性

通知的适用范围最广，使用频率最高。党政机关、一般的企事业单位及社会团体都经常使用。

3. 较强的时效性

通知中提到的事项一般在一定时间内产生效力。

（三）通知的作用

在公务活动中，通知起着承上启下、联系内外的作用，用于传达上级机关的指示，要求下级机关办理某一事项，也可用于告知下级机关需要知道的事项。另外，它还可以用于批转下级机关的公文，转发上级机关、同级机关和不相隶属机关的公文，起着“桥梁”和“纽带”的作用。

（四）通知的种类

通知的种类较多，按其性质与内容一般可分五大类，如表 6-2-1 所示。

表 6-2-1　通知的种类

类别	特征
周知性通知	用于周知日常事务，召开会议，进行人员任免
指示性通知	上级机关在对下级机关的某项工作进行指示和部署，而又不适宜用“命令”等文种时使用
批转性通知	上级机关批转下级机关文件给所属有关单位，要求周知或执行
转发性通知	转发上级机关和不相隶属机关公文给所属有关单位，要求周知或执行
发布性通知	主要用于发布某些行政法规和规章

（五）通知的结构

通知一般由标题、主送机关、正文、落款等部分组成。

1. 标题

（1）发文机关+事由+文种。如《国务院办公厅关于加强安全生产监管执法的通知》。

（2）事由+文种。如《关于加强安全生产监管执法的通知》。

2. 主送机关

受文机关的全称或规范化简称。

3. 正文

通知的正文一般由三个部分组成：通知的缘由、通知的事项、通知的要求。批转、转发性的通知，其正文的写法有所不同。

（1）通知的缘由：主要用来表述有关背景、根据、目的、意义等。批转、转发性的通知，根据情况可以在开头表述通知的缘由，但多数以直接表达批转/

转发对象和批转/转发决定为开头，无须说明缘由。

（2）通知的事项：通知的主体部分，具体写所安排的事项、提出的方法、措施和步骤等。本部分内容简单的可采用分段式，内容复杂的可采用条文式。

（3）通知的要求：可提出贯彻执行的有关要求，也可没有这一部分。

4. 落款

通知的落款一般包括发文单位、发文日期。

（六）通知的参考模板

通知的参考模板如表 6-2-2 所示。

表 6-2-2　通知的参考模板

拟写顺序	文稿模板
标题 ↓ 主送机关 ↓ 缘由 ↓ 事项 ↓ 落款	1. 会议通知 **××关于召开××会议的通知** ××：（主送机关） 根据××，为××，现将会议有关事项通知如下： 一、会议内容（或会议议题、议程） 二、会议时间 三、会议地点 四、参加人员 五、其他事项（如：报到、食宿、资料、交通、经费等） 联系人：×× 联系电话：×× ××（盖章） ××年××月××日 2. 任免通知 **关于××任免的通知** ××：（主送机关） 经××研究决定： ××　任××（职务）。 ××　免去××（职务）。 ××（盖章） ××年××月××日 3. 转发性通知 **××转发××关于××的通知** **发文机关+转发+原文件的标题+文种** ××：（主送机关） 现将《××关于××的××》（发文字号）转发给你们，请认真遵照执行。 ××（盖章） ××年××月××日

（七）例文

××市体育局关于召开20××年体育宣传工作会议的通知

各直属单位：

为做好体育宣传思想文化工作，定于20××年4月在××召开体育宣传工作会议。现将有关事项通知如下：

一、会议时间

20××年4月24日（星期二）至4月25日（星期三），会期2天。

二、会议地点

××市体育局办公楼302会议室。

三、会议主题

围绕体育事业改革发展大局，努力开拓体育宣传思想文化工作新局面。

四、会议主要议程

领导讲话；新体育网推介；专家授课；分组讨论；会议总结。

五、参会人员

1. 局领导。

2. 各直属有关单位负责人，每个单位2人。

3. 主要新闻单位体育部门，各1人。

六、会议报名

请各单位参会人员填写《体育宣传工作会议报名表》，于4月13日前通过电子邮箱报名。

报名表可从总局政府网站公告栏目中下载。

七、会议报到

4月24日（星期二）上午8：30前到××市体育局办公楼302会议室报到并参会。地址：××市××区××路××号。

八、食宿安排及费用

参会人员就餐安排在××食堂；原则上不安排住宿。相关费用由会议方负担，交通费自理。

九、联系方式

联系人：××

联系电话：××

邮箱：××@ 126. com

附件：体育宣传工作会议报名表

××市体育局（盖章）
××年××月××日

小贴士

通知写作注意事项

（1）主题集中，一事一文：每份通知只说明一件事情，布置一项工作。

（2）重点突出，措施具体：通知的事项、要求、措施要明确具体、切实可行，使收文单位能够正确理解并准确执行。

（3）结构合理，详略得当：内容简单的通知，可采用短文式，一段或几段不等；内容繁多的通知，可采用分条列项的条文式，并在条目前加上序号。

（4）讲求时效，快捷及时：通知的写作、传递需要及时、快捷，以免贻误时机。

任务3　函

* * * * * * * * * * * *

学习目标

- **知识目标**

1. 能够说出函的适用范围和种类。
2. 能够说出函的结构。

- **技能目标**

能够根据材料，写出一份格式规范、措辞得体的函。

- **素质目标**

能够运用基本知识和相关政策解决实际问题。

- **思政目标**

1. 能够增强对国家政策的认识。
2. 能够树立使用公文办理事务的规矩意识。

课前学习任务

请以小组为单位，每人搜集一份函，并总结出函的种类，写在课前任务反馈的横线上。

一、课前任务反馈

二、课中活动

（一）导航

头脑风暴：我们在什么情况下会使用函？

（二）各个击破

1. 阅读知识链接部分，完成下列题目

（1）函的行文方向是（　　）。

A. 上行文　　B. 下行文　　C. 平行文

（2）函的适用范围包括（　　）。

A. 商洽工作　　B. 询问和答复问题

C. 请求批准　　D. 答复审批事项

（3）下列事项中，应该用函行文的是（　　）。

A. ××市地铁集团有限公司告知××职业技术学院订单班学生毕业顶岗实习报告等相关安排

B. ××报社要联合××市交警支队建设畅行××便民信息平台

C. ××厂向××铁路分局申请地下输水管线穿越××铁路线

D. 邀请××领导出席会议

（4）以下关于函的结构的说法，正确的是（　　）。

A. 由标题、正文、落款三个部分组成

B. 由标题、主送机关、正文、落款四个部分组成

C. 由标题、称谓、正文、落款四个部分组成

2. 病文改错

××农场解决欠货问题的来函

××县食品公司：

11 月 4 日来函收悉。以往关系，令人满意，值得双方珍惜。

按合同我场向贵公司提供的食品，有的已过半，有的达七八成，只有部分“不足一半”。造成欠货的主要原因是我场下半年遭到台风的袭击和鸡瘟的危害，种养业产量大为下降。至于你们两次来信，我们并无收到，不是置之不理。

老实相告：要在 12 月底如数交足欠货，我们困难极大。如果你们一定要“按合同罚款”，我们只好上经济法庭。请注意，原合同上有一句：“如无天灾瘟疫等意外情况，甲方（××农场）必须在今年 12 月底交足所订货额，否则按合同罚款。”我们的种养业既遭天灾又遇瘟疫……还是珍惜以往的关系，双方代表坐在一起协商解决为好。特此函复。

××农场

（1）标题存在什么问题？请指出并改正。

____

____

____

（2）主送机关方面存在什么问题？请指出并改正。

____

____

（3）正文存在什么问题？请指出并改正。

（4）落款存在什么问题？请指出并改正。

（三）综合实战

为了让学生能更好地认识专业对应的岗位和要求，云南 J 职业学院希望安排烹饪工艺与营养专业二年级学生到 B 餐饮集团参观学习。

请问：云南 J 职业学院应该怎样办理此事呢？

三、课后活动

搜集一份询答函。

四、知识链接

（一）函的含义

函是不相隶属机关之间商洽工作、询问和答复问题、请求批准和答复审批事项时所使用的一种党政机关公文。

函的使用范围较广，使用频率较高，它是党政机关公文中唯一的一种平行文。在行文方向上，函不仅可以在平级机关之间行文，还可以在不相隶属机关之间行文，其中包括上级机关或下级机关。

（二）函的特点

1. 使用的广泛性

函的使用不受级别高低、单位大小的限制，收发函件的单位均以比较平等的身份进行联系。上至国务院，下至基层组织、企事业单位、社会团体都广泛地使用函。

2. 内容的沟通性

函的主要功能是商洽性和咨询性，行文时相互之间无强制性。

3. 言辞的礼貌性

不论什么类型的函，用语皆应谦恭有礼，尊重对方，力求得到对方更多的理解和支持。即使上级机关向不相隶属的下级机关发函，语气也应是商洽性或咨询性的。

4. 写作的灵活性

函篇幅短小、内容简便、写法灵活。

（三）函的作用

1. 相互商洽工作

通常由一方提出初步意见，和另一方进行商洽，内容一般业务性比较强，如调动干部、联系参观学习、联系业务、邀请参观指导等。

2. 询问和答复问题

如疑难询问、调查询问等。一般由发函方提出问题，对方复函做出答复。此函为“因问作答，有问必答，被动回答”，不是主动报告，更不可夹带任何请示内容。

3. 向有关主管部门请求批准

向有关主管部门（对请批的事项有决定权的和批准权的部门，多是职能部门）请求批准事项。

（四）函的种类

函的种类如表 6-3-1 所示。

表 6-3-1　函的种类

划分方法	类别	特征
按性质分	公函	用于机关单位正式的公务活动往来
	便函	用于日常事务性工作的处理 （不属于正式公文，没有公文格式要求，甚至可以不要标题，不用发文字号，只需在尾部署上机关单位名称、成文时间并加盖公章即可）
按发文目的分	发函	主动提出了公事事项所发出的函
	复函	为回复对方所发出的函
按内容和用途分	商洽函	用于不相隶属机关之间商洽工作、联系有关事宜
	请批函	用于不相隶属机关之间请求批准和答复审批事项
	询答函	用于不相隶属机关之间相互询问和答复有关具体问题

（五）函的结构

函一般由标题、主送机关、正文、落款等部分组成。

1. 标题

函的标题一般有两种形式。

（1）发文机关+事由+文种。如《中国科学院××研究所关于建立全面协作关系的函》。

（2）事由+文种。如《关于选派青年教师进修的函》。

2. 主送机关

主送机关即受文并办理来函事项的机关单位，于文首顶格写明全称或者规范化简称，其后用冒号。

3. 正文

正文一般由开头、主体、结尾等部分组成。

（1）开头。主要说明发函缘由，即阐明发函的原因、目的或依据。商洽函、询问函和请批函要阐明发函的目的。复函应先写明来函（标题、文号）“收悉”，接着写明答复的依据，然后用“现将有关事项函复如下”等过渡语转入下文。

（2）主体。这是函的核心内容部分，主要说明致函事项。函的事项部分内容单一，一函一事，行文要直陈其事。无论是商洽工作，询问和答复问题，还是向有关主管部门请求批准事项等，都要用简洁得体的语言把需要告诉对方的问题、意见叙写清楚。如果属于复函，则还要注意答复事项的针对性和明确性。

（3）结尾。一般可采用诸如“特此函达”“请研究函复”“请函复”“盼复”“以上意见当否，请复函”等习惯用语收束。复函的结尾有“此复”“特此函复”等字样。函的结束语可直接放在行函的事项后，也可提行另写。有些函还可以不用结束语。

4. 落款

落款包括署名和成文时间两项内容，并加盖公章。

（六）函的参考模板

<table>
<tr><td>
去函的写法如下：

××关于××的函
主送机关：
　　去函缘由+函请事项+（希望要求）
　　结束语——不可省略

××单位（印章）
××年××月××日
</td></tr>
<tr><td>
复函的写法如下：

××关于××的复函
主送机关：
　　贵×（省、市、县、局）《关于××的函》（××函〔20××〕××号）已收悉。关于××问题，现函复如下：
　　答复事项+希望要求
　　结束语——可省略
××单位（印章）
××年××月××日
</td></tr>
</table>

（七）例文

1. 商洽函

××市旅游集团公司关于委托××旅游学院举办管理人员培训班的函

××旅游学院：

为了培养新世纪的旅游管理高级人才，我公司拟委托贵院举办一期管理人员培训班，时间为一年，人数为30人，采取脱产学习的形式，学费按贵院有关规定支付。

上述要求，盼予函复。

××市旅游集团公司（盖章）
××年××月××日

××旅游学院关于为××市旅游集团公司举办管理人员培训班的复函

××市旅游集团公司：

贵公司《关于委托××旅游学院举办管理人员培训班的函》（××函〔××〕××号）已于3月24日收悉。关于为贵公司举办管理人员培训班的问题，经研究现函复如下：

一、同意为贵公司举办管理人员培训班，时间一年，人数30人，脱产学习，开学时间为××年5月10日。

二、有关学籍管理及实习、收费标准等问题，请参照《××旅游学院关于举办管理人员脱产培训班的规定》中有关条款另议。

特此函复。

附件：××旅游学院关于举办管理人员脱产培训班的规定

××旅游学院（盖章）

××年××月××日

2. 请批函

××省安全厅关于拟录用××届大中专毕业生的函

××省人事厅：

根据中共××省委组织部、××省人事厅《关于××年省级机关录用应届高校、中专学校优秀毕业生的通知》规定，我们对拟录用到我厅机关工作的大中专毕业生按规定程序进行了统一考试、面试、体检、政审。经厅党组研究，拟录用大中专毕业生××名。现将有关录用审批材料报上，请审批。

附件：录用审批材料××份

××省安全厅

××年××月××日

××省人事厅关于批准录用××等××名同志为国家公务员的复函

××省安全厅：

贵厅《关于拟录用××届大中专毕业生的函》（国安政〔××〕××号）收悉。现函复如下：

根据中共××省委组织部、××省人事厅《关于部分省级机关从××年应届高校、中专毕业生中考试录用国家公务员和机关工作人员的通知》的规定，经考试、考核合格，批准录用××等××名同志为国家公务员。

特此函复。

附件：录用人员名单

××省人事厅

××年××月××日

3. 询答函

××市塑料厂关于询问TK-89型自动考勤打卡机维修事宜的函

××市海威企业有限公司：

我厂于两年前购进贵公司组装生产的TK-89型自动考勤打卡机，两年来使用情况良好，但近来发现打印出现断痕，造成“3”“6”“8”“9”等字难以分辨，估计是打印头断针。我厂曾在我市寻找多家电脑维修站（店），均无此配套的打印头。特发函向贵公司询问，贵公司在我市何处设有该种机型的维修部，应如何送交维修，预计维修费用多少，以及付款方式等。

望函复。

××市塑料厂

××年××月××日

××市海威企业有限公司关于TK-89型自动考勤打卡机维修事宜的复函

××市塑料厂：

贵厂4月20日《关于询问TK-89型自动考勤打卡机维修事宜的函》（××函〔××〕××号）收悉。鉴于我公司在××市尚未设立维修网点，我公司决定派出售后服务部经理××和一名技师前往贵厂上门维修TK-89型自动考勤打卡机。

特此函复。

××市海威企业有限公司

××年××月××日

小贴士

写作函的注意事项

1. 开门见山

无论是来函还是复函，都应该开门见山，直接切入主题。

2. 讲究分寸

函的用语力求平和礼貌，特别忌讳用命令语气，但也不能为了解决问题而恭维逢迎。

3. 迅速及时

函有时效性的问题，特别是复函，更应该迅速及时。

4. 一函一事

一份函一般只涉及一件事，通常不把多件事情同时写进一份函里。

任务4 会议纪要

学习目标

- **知识目标**

  1. 能够说出会议记录和会议纪要的不同。
  2. 能够说出会议纪要的文体结构和主体部分的写法。

- **技能目标**

  能够根据实际会议写出规范的纪要。

- **素质目标**

  能够树立规范使用文书传达会议内容的意识。

- **思政目标**

  能够实事求是，有集体主义观念。

课前学习任务

请以小组为单位，搜集一份会议纪要。

一、课前任务反馈

二、课中活动

（一）导航

1. 会议记录

大学生主题班会会议记录

会议时间：20××年 12 月 20 日

会议地点：1A205

出席人员：××班全体同学

缺席人员：无

主持人：谢明飞

记录人：王瑞阳

班会内容：

（1）由班长谢明飞宣布这次班会的主题。

这次我们班会的主题是“诚信考试”。的确，又到了期末，这个话题是大家年年讨论的话题，为了将学校诚信考试的要求灌输给大家，让大家能够踏踏实实地考试，我们召开这次班会。希望大家各抒己见，踊跃发言。

（2）由团支书赵林同学宣读《××学校关于对考试违纪和作弊学生处理的暂行规定》。

团支书赵林同学进一步阐述了这次主题班会的目的和意义：在期末考试来临

之际，为配合学校、院系关于加强考风考纪的工作，教育同学们做诚信大学生。

（3）同学探讨如何正确理解诚信考试。

谢明飞：诚信考试能够得到别人的尊重，主张同学们认真复习，诚信考试，而不是弄虚作假、在考试中作弊。诚信是处理个人与社会、个人与个人之间关系的基本道德规范。诚信是立身的根本，人无信则不立。

王瑞阳：只有在考前做好准备，才会有好的心态面对考试，考试只是检验自己学习过程的手段，诚信考试是我们的责任，是保证公平公正的平台。作为一名预备党员，我更要带好头，真正起到先锋作用。

赵林：诚信包括诚和信两个方面。诚是讲诚实、诚愿。诚实，指言行与内心思想一致，不虚假；信是讲信用、信任。讲信用，指信守诺言，说到做到，不失信。诚信是做人的美德，一个人若失去了诚信，就像没有灵魂一样。同学们要诚信面对考试，诚信面对生活，为学校的学风建设做出努力。

张慧娟：不能光是喊出诚信考试的口号，更要以实际行动表现出来，做到实际的、真实可见的诚信。

刘智翔：考试的方式越来越多，但唯一不变的就是诚信考试的要求和规则。

庞明钦：作弊会付出沉痛的代价，有些错误可以改正，但是在考试中作弊是无法弥补的错误。没有诚信的人，会被社会抛弃，诚信是我们共同的责任。

赵雯：诚信是一种做人的原则，是一种人生境界，是一个高品位的人终生最弥足珍贵的精神财富。诚信考试，是实事求是的表现，是表里如一、尊重生活、尊重知识的表现。

范静静：诚信是做人之本，我们应该从生活中的点点滴滴做起，树诚信之新风。拥有诚信者，走遍天下无所顾忌，幸福和成功随时随地会降临。

（4）由学习委员王晓慧同学宣读《诚信考试倡议书》。

（5）由班长谢明飞同学做总结。

这次班会，达到了我们的预期目标。同学们积极发言，都认识到诚信对于人生的重要性：诚信是做人的一种美好品质，是个人成就事业的根基。要培养诚信的良好道德品质，就要从身边的每一件小事做起，当下来说，就是要诚信考试，不作弊，也不帮助他人作弊。应该做到诚实、诚愿，实事求是，重信用，守承诺。相信大家都会在今后的生活和学习当中，做到诚信行事，做一名合格的大学生！最后，预祝大家在这次期末能够取得理想的成绩！

（6）由主持人谢明飞同学组织全班同学在《诚信考试承诺书》上签名。

记录人：××
20××年 12 月 20 日

2. 会议纪要

××市政府第××次常务会议纪要

××年××月××日下午，××市市长主持召开市政府第××次常务会议，审议《关于加快推进全市××新能源汽车推广应用的意见》《××市公共数据开放实施细则》；听取对××市民营经济营商环境有关问题进行分析研究、提出改进举措的汇报。会议议定以下事项：

（1）审议《关于加快推进全市××新能源汽车推广应用的意见》。

① 会议原则同意《关于加快推进全市××新能源汽车推广应用的意见》。由市政府办公室根据本次会议讨论意见做进一步完善后，按程序以市政府办公室名义印发。

② 在全市××加快推广应用新能源汽车，既能推动公务出行绿色低碳转型、助力建设节约型机关，又能形成示范引领作用、创造有利于新能源汽车使用的社会环境，助力扩大新能源汽车应用规模。各地各部门要高度重视，认真落实，确保各项工作落到实处。

③ 各地各部门要以更大力度推动公务用车采购配备新能源化，不断扩大应用规模、完善配套建设、带动产业发展，加快推动公务出行方式绿色变革，进一步营造有利于新能源汽车推广应用的良好环境。

（2）审议《××市公共数据开放实施细则》。

① 会议原则同意《××市公共数据开放实施细则》。由市大数据局根据本次会议讨论意见做进一步完善后，按程序印发。

② 公共数据开放既是国家发展数字经济、开展要素市场化配置综合改革试点的重大任务，又是我市全面推进数字建设的一项重点工作，能够鼓励企业创新数据应用、切实提高数据供给能力、有力撬动数字化变革。各地各部门要进一步提高站位，强化认识，主动作为，推动公共数据有序开放。

③ 各地各部门要严格落实安全主体责任，健全数据安全防护和监管机制，完善相关预案，加强应急演练，确保公共数据开放工作行稳致远；要鼓励引导更多社会力量参与公共数据增值开发利用，促进全社会大数据高水平应用，为数字经济注入“源头活水”。

（3）听取对××市民营经济营商环境有关问题进行分析研究、提出改进举措的汇报。

① 会议听取了××委关于对××市民营经济营商环境有关问题进行分析研究、提出改进举措的汇报。由市××委根据本次会议讨论意见按程序做好后续工作。

② 各地各部门要针对反映集中的问题，深入分析研究，逐条落实改进举措，并举一反三、建章立制纳入明年的营商环境创新行动中；要强化主体责任，加强

对全市营商环境工作的组织领导和统筹协调，持续优化我市民营经济营商环境。

会议还研究了其他事项。

出席：××、××、××、××、××、××

列席：××、××、××、××

记录：××

××市人民政府办公室整理

××年××月××日

（资料来源：××市人民政府网　摘录部分内容）

对比以上会议记录和会议纪要，说说它们有什么不同。

（二）各个击破

请根据会议纪要的写作知识，将导航中的会议记录整理成一份会议纪要，按规范格式写在横线上。

1. 标题

2. 开头（要求采用叙述式）

3. 主体

4. 结尾

5. 落款

（三）综合实战

病文纠错。

会 议 纪 要

各部门：

现将××座谈会会议纪要如下：

（一）××总经理传达了集团公司总的战略精神，强调本次座谈会的目的是通过会议加强沟通、配合，改进工作作风，统一认识，明确方向，增强信心，拓展思路，提升管理水平，在竞争中保持企业生命力。

（二）××副经理强调各部门负责人要有大局意识、前瞻意识、团队意识和学习意识。充分发挥部门成员的工作积极性和团队力量。部门与部门之间要有配合意识，敢于面对不足、互相学习，多沟通，多提建设性意见，抢时间夯实管理基础，使企业不丧失竞争力。

（三）××副经理汇报近期各部门干部学习情况，并对后期学习安排进行部署。

××公司（盖章）

××年××月××日

三、课后活动

请对某次主题班会的内容进行整理并改写为会议纪要。

四、知识链接

（一）纪要的含义

纪要是各级行政机关、企事业单位、人民团体用于记载、传达会议情况和议定事项的公文，也是会议文件中的一种，概括反映会议的主要精神和结果，一般制成于会议后期或会议结束之后，属于纪实性公文。

纪要行文方向比较灵活，可上行、下行或平行，既可以用作存档，还可以上呈，以汇报会议情况和结果；可平发或下发，以传达会议精神和议定事项，或要求与会单位共同遵守、执行。

（二）纪要的特点

1. 内容的纪实性

纪要必须是会议宗旨、基本精神和所议定事项的概要纪实，不能随意增减和更改内容，不能离开会议实际再创作，不能搞人为的拔高、深化和填平补齐，任何不真实的材料都不得写进纪要。

2. 表达的提要性

纪要应围绕会议主旨和议定事项来整理、提炼，分类别、分层次予以归纳、概括，以极为简洁精练的文字高度概括会议的内容和结论。重点应放在介绍会议成果，而不是叙述会议的过程，切忌记流水账。

3. 行政的指导性

纪要的内容，一般是与会者经过讨论，就某些重要问题所达成的共识，或提出的解决某些问题的办法，或针对某些重大问题所形成的政策性规定和指导性意见。

纪要一经下发，将对有关单位和人员产生约束力，起着类似于决定或决议等指挥性公文的作用，要求与会机关和相关单位必须遵照执行。

4. 称谓的特殊性

纪要一般采用第三人称写法。由于纪要反映的是与会人员的集体意志和意向，常以“会议”作为表述主体，“会议认为”“会议指出”“会议决定”“会议要求”“会议号召”等都是称谓的特殊性的表现。

（三）纪要的种类

纪要的种类如表 6-4-1 所示。

表 6-4-1　纪要的种类

类别	特征
情况会议纪要	用于记载、传达会议情况，供与会机关、相关单位了解会议的议程、议题、讨论精神、进程等情况，以利于各机关、单位沟通

续表

类别	特征
议定事项会议纪要	用于记载、传达议定事项，其核心是记载会议重要精神与决定性结论、意见，因此它不是仅仅介绍会议基本情况，其意义在于指导下级机关、单位贯彻执行会议的决定意见

（四）纪要的结构

纪要一般由标题、正文、落款等部分组成。

1. 标题

常见的会议纪要标题有以下三种：

（1）会议名称+文种，如《××市××区人民政府办公会议纪要》。

（2）发文机关+事由+文种，如《××市政府关于听取全市安全生产工作汇报会议纪要》。

（3）双行式标题，标题分为正标题和副标题。正标题一般揭示会议的主旨或者意义，副标题由“会议名称+文种”构成，如《科研先导与时俱进——产学研会议纪要》。

2. 正文

正文包括开头、主体、结尾三个部分。

（1）开头：开头一般介绍会议概况，包括会议名称、召开会议的目的和背景、会议时间和地点、主持人、参加人、主要议程、出席会议并做指示或讲话的领导人。如果人数不多，应写上职务姓名；如果人数较多，可以写统称。另外，也可以适当评价会议效果。

会议概况可以分列写，也可以连贯写，在开头用一段文字概括，然后用“现将……综述如下”或“会议议定事项如下”提挈下文。

（2）主体：是会议内容的摘要纪实，要写明会议研究的问题、讨论的意见、做出的决定、提出的任务和措施等。

其写法通常有以下三种。

① 概述式：根据会议进程，对会议议题、主要意见和决定进行综合、提炼和概括。

② 分类归纳式：将会议讨论研究的内容分类归纳成几个问题来写。

③ 发言记录式：按照发言顺序将每个发言人的主要观点和意见摘要出来。

（3）结尾：结尾写法多样，或向受文机关和单位提出希望和号召，或交代相关事项，或向对会议的召开做出突出贡献的单位和个人表示感谢。也可省略结尾。

3. 落款

落款处仅注明成文日期。成文日期或写于正文下方，居右排布；或置于标题正下方，居中排布；无须加盖公章。

(五) 纪要的参考模板

标题			
成文日期			
正文	概述式	分类归纳式	发言记录式
会议概况			
会议事项	会议听取了…… 会议讨论了…… 会议认为…… 会议指出…… 会议通过了…… 会议决定……	一、×× 会议讨论了…… 二、×× 会议认为…… 三、×× 会议决定……	会议听取了…… 会议讨论了…… ××同志指出…… ××同志强调…… ××同志强调指出…… 会议同意……
尾语	会议呼吁…… 会议要求…… 会议号召……	会议希望…… 会议要求…… 会议号召……	会议恳切呼吁…… 会议希望…… 会议要求……

(六) 纪要的评分标准

纪要的评分标准如表 6-4-2 所示。

表 6-4-2 纪要的评分标准

项目	标准	说明
格式	格式规范	标题落款内容无缺项
内容	要点清楚	前言、主体内容无遗漏，数据、例证充分
	条理清晰	主体结构一目了然，行文条理清晰
	详略得当	主体内容主次、详略安排得当，重点突出
语言	语言得体	遣词造句恰如其分，态度诚恳

(七) 例文

××市政府常务会议纪要

(第 18 次)

时　间：××年××月××日 14：00—17：00

地　点：××市政府三楼会议室

主　持：××

出　席：××、××、××、××、××、××、××、××

列　席：××、××、××、××、××、××

记　录：××

××年××月××日下午，市长××在××市政府三楼会议室主持召开市政府第18次常务会议，纪要如下：

一、会议听取了关于市两会期间人大代表建议和政协提案情况的汇报

今年市两会期间，共有×件人大议案、××件人大代表建议和××件政协提案交由政府系统办理。主要涉及综合经济、劳动和社会保障、城乡建设和管理、科教文卫体、民主法制五个类别，集中反映了民众更加关注生态环境保护、经济转型发展、民生热点和城市管理难点。

会议认为，人大代表建议和政协提案办理工作是听取群众意见的重要途径，是改进工作的有效抓手，是对政府工作的有力督促。

会议要求，政府各级领导和部门要高度重视办理工作，明确责任主体，细化办理目标，落实具体措施，切实解决问题。建议提案办理过程中要做到领导带头办理，方式有所创新，解决率进一步提高，让群众更加满意。

会议原则同意市政府办公室提出的市级重点承办件方案和××××年建议提案办理工作计划。

二、会议听取了《关于开展新一轮企业“创新争星、做强做优”活动的意见》有关情况汇报

会议认为，创新发展思路，做强做优企业，是提升我市产业发展水平、壮大经济实力的重要途径。活动的开展对促进全市企业跨越式发展发挥了较强的激励作用。随着我市经济社会的发展，《关于开展新一轮企业“创新争星、做强做优”活动的意见》（以下简称《意见》）中部分内容需要得到补充完善，现予以修订。

会议要求，新修订的《意见》要做到分类更加合理，导向更加明确，标准更加科学。市发改委要主动牵头，进一步明确参评范围、企业分类、奖项设置、部门职责等。在评定过程中，不仅要重视企业的经济贡献和规模，更要突出企业的社会责任。

会议原则同意市发改委提出的《意见》，并做进一步完善后报市委常委会审定。

三、会议听取了关于“商标战略”实施情况汇报

会议指出，市政府大力实施“商标战略”，对加快品牌强市建设步伐，提高区域品牌核心竞争力发挥了重要作用，为建设创新型城市提供了有力支撑。近年来，××工商局扎实开展工作，取得了优异成绩，特别是××××年全市驰名商标总数跃居全省第一位，为促进全市经济转型升级做出了应有的贡献。

会议要求，市有关部门要加大对商标战略的宣传力度，增强企业的商标意识，提升公众对商标的认知度。要进一步增强企业核心竞争力和社会知名度，提升品牌“软实力”，继续保持我市商标战略实施工作在全省的领先地位。

（资料来源：××市人民政府网）

小贴士

这样写纪要会更好

第一，要正确地集中会议的意见。没有取得一致意见的，一般不写入纪要。但对少数人意见中的合理部分，也要注意吸收。

第二，例会和办公会议、常务会议的纪要，重点将会议所研究的问题和决定事项逐条归纳，做到条理清楚，简明扼要。

第三，会议纪要用“会议”作主语，即“会议认为”“会议确定”“会议指出”“会议强调”“会议听取了”“会议讨论了”等。

第四，会议纪要写成后，可由会议主办单位直接印发，也可由上级领导机关批转。有的会议纪要还可由会议主办单位加按语印发。

任务5　调查报告

学习目标

- **知识目标**

  能够说出调查报告的基本结构。

- **技能目标**

  能够根据实际情况写出规范的调查报告。

- **素质目标**

  能够具备团队合作意识和探究精神。

- **思政目标**

  能够理解个人行为与社会责任的关系，增强服务社会的意识。

课前学习任务

搜集一份调查报告，梳理其结构要素有哪些，并写在课前任务反馈的横线上。

一、课前任务反馈

二、课中活动

（一）导航

学校图书馆发现，最近一年学生借阅纸质图书的数量显著下降。为了深入了解这一现象背后的真实原因并改进服务质量，图书馆委托学生会开展了一项关于“大学生课外阅读现状”的调查。

思考：学生会需要最终向图书馆提交一份怎样的书面材料，才能清晰地反映调查结果、深入分析原因并提出切实可行的建议？

（二）各个击破

1. 阅读知识链接部分，完成下列题目

（1）调查报告的标题应该（　　）。

A. 模糊不清　　　　B. 包含所有细节

C. 简洁且具有描述性　　D. 非常长

（2）在撰写调查报告时，（　　）不是必要的。

A. 数据收集　B. 数据分析　C. 个人观点　D. 结论

（3）调查报告的结构和内容通常不包括（　　）。

A. 标题　B. 方法　C. 结果　D. 小说章节

2. 完成调查报告部分写作

（1）假如让你对大学生课外阅读情况进行调查，你将采用什么样的调查方法？

____

____

（2）假如让你采用问卷调查的方式对大学生课外阅读情况进行调查，你会设置哪些问题？

____

____

____

____

____

____

____

____

____

____

____

____

____

____

____

____

____

（3）完成对大学生课外阅读情况的调查后，在写调查报告时，你将如何写标题？

（4）完成调查后，在写调查报告时，你将怎么写调查的背景和目的？

（三）综合实战

请以小组为单位针对热点话题进行调查，并进行成果汇报。

三、课后活动

小组互换已经撰写好的调查报告，进行修改、评价。

四、知识链接

（一）调查报告的含义

调查报告是通过对典型问题、情况及事件的深入调查，经过分析、综合，揭示出客观规律的书面报告。

调查报告的写作，需要经历三个阶段。

第一阶段：制订调查计划。步骤为“明确调查目的—设定调查主题—选定调查对象—选择调查方法”。

第二阶段：搜集分析资料。步骤为“搜集调查资料—整理调查资料—分析调查资料—得出结论”。

第三阶段：撰写报告。步骤为“撰写标题、前言—撰写正文—修改补充—自我核查”。

（二）调查报告的特点

（1）针对性：调查报告应社会的实际需要而产生。

（2）真实性：客观事实是调查报告赖以存在的基础。

（3）论理性：调查报告是通过对大量材料的分析与综合，揭示出事物的客观规律。

（4）典型性：调查对象具有典型性；文章所运用的材料具有典型性。

（5）时效性：调查报告回答的是当前工作中迫切需要解决的问题，它的时效性很强。

（三）调查报告的作用

（1）调查报告是制定相关方针政策的重要依据。

（2）调查报告是推广经验的有效手段。

（3）调查报告是揭示社会热点、焦点问题的有力武器。

（四）调查报告的种类

调查报告的种类如表 6-5-1 所示。

表 6-5-1 调查报告的种类

类别	特征
基本情况调查报告	反映某地区、单位、行业或某一方面的基本情况、发展状态的调查报告。在实际运用中最为普遍，涉及的领域广泛，可体现意识形态，也可反映物质形态
新生事物调查报告	揭示新生事物成长的规律及产生的意义，展示其强大的生命力，并通过预见性的判断推出它的发展趋势，达到指导工作的目的
典型经验调查报告	主要是反映社会实践中具有一定典型性的经验，以介绍先进的典型经验为主，目的在于推广经验、指导全局性工作

续表

类别	特征
揭露问题调查报告	主要用来揭示当前社会生活、工作中的不良现象和社会弊端。其目的是引起有关部门和整个社会的重视，以便引以为戒、吸取教训、提高认识，最终达到解决问题的目的

（五）常用的调查方法

1. 文献调查法

文献调查法是调查报告里使用的最基本的方法之一，指通过文献资料来搜集有关信息。在把握现行研究情况并计划设定未来研究方向时，比较适合使用这种方法。例如，企业在经营过程中常常需要了解市场行情、国民经济发展情况、行业公报等信息，这些信息很难从消费者那里得到，文献调查法能很好地帮助企业获取这方面的信息。

2. 访谈调查法

访谈调查法是进行具体调查时直接访问的调查方法。现场访谈获取的资料更真实，可信度高，操作快捷。访谈调查法有深入访谈、小组座谈、电话访问等形式。例如，如果需要对有坍塌危险的桥梁采取相应措施，工程技术人员应该直接到现场访问调查实情，具体如桥梁是否坚固，年久失修会不会坍塌，还能不能修，能修的话该用什么方法修，只有准确把握情况，才能拿出方案来。

3. 实验调查法

实验调查法，即从影响调查问题的诸因素中选出一两个，在一定条件下进行小规模的实验。这是目前运用较好的一种方法，如试用、试销会、展销会、看样订货会等。这样能直接搜集到反馈信息，观察到发展趋势，为决策者提供最实际、便捷获得的参考信息。

4. 问卷调查法

问卷调查法是为了细致把握对方意见时使用的调查方法，几乎适用于所有领域的调查，其大致结构如下。

（1）标题及称呼、致意。

标题要醒目，让被调查者通过看标题就明白调查的内容。

（2）问卷说明。

说明调查意义、内容和选择方式等，以消除被调查者的紧张和焦虑。

（3）主体。

主体涉及被调查者的信息，以及围绕调查项目提出的问题。

按照调查设计逐步逐项列出的调查问题，是调查问卷的核心内容。

问题的设计一般有两种：一种是封闭式的，即答案在备选选项当中，只要进行勾选就可以了；另一种是开放式的，即提出问题，请被调查者自由措辞进行回答。问题设计要多用简单易答的封闭式问题，少用开放式问题（一两个即可）。

（4）感谢语或其他资料。

向被调查者致以谢意，或向被调查者强调一下本次调查活动的重要性。

（六）调查报告的结构

调查报告一般由标题、正文、落款、附录等部分组成。

1. 标题

（1）调查单位（可省略）+事由+文种。如《××关于××的调查报告》《关于大学生消费情况的调查报告》。

（2）自由式标题（陈述式、提问式和正副双标题）。如《药价为何居高不下?》《聚焦农村饮水安全，保障农民健康生活——××市农村饮水安全问题调查报告》。

2. 正文

正文部分包括了前言、主体和结尾三个部分。

（1）前言。

前言是调查报告的开头，作用是提示全文，要开门见山、紧扣主题，凝练且有吸引力。前言有下列三种写法。

第一种是写明调查的起因或目的、时间和地点、对象或范围、经过与方法，以及人员组成等调查本身的情况，从中引出中心问题或基本结论。

第二种是写明调查对象的历史背景、大致发展经过、现实状况、主要成绩及突出问题等基本情况，进而提出中心问题或主要观点。

第三种是开门见山，直接概括出调查的结果，如肯定做法、指出问题、揭示影响及说明中心内容等。

（2）主体。

这是调查报告中最主要的部分，这部分详述调查研究的基本情况、做法、经验，以及从调查研究所得材料分析中得出的各种具体认识、观点和基本结论。

① 要详细叙述调查得到的材料和数据，反映调查的客观事实。

② 对调查资料进行理性分析。在列举材料和数据的基础上，进行深入细致的分析，透过现象提炼出规律性的认识。可以是分析出经验和成绩，也可以是分析原因和问题，要能够反映出事物的本质，提高对事物的认识水平。

③ 得出结论，提出措施或建议。

（3）结尾。

调查报告的结尾要写得简明扼要，根据实际的写作需要，或者总结全篇的主要观点；或者对所调查的现状做归纳性说明并指出其发展远景。也可以省略结尾。

3. 落款

正文右下方写清调查单位名称、调查人姓名及成文时间。

调查单位名称或调查人姓名还可以像文章作者一样被写在标题下，居中排布。如果标题中已经写明调查部门名称等，落款处可省略。

4. 附录

附录一般附上调查时所用的资料、调查问卷，以及写作时参考的相关文献和作者声明等。

（七）调查报告的参考模板

调查报告的参考模板如表 6-5-2 所示。

表 6-5-2　调查报告的参考模板

拟写顺序	文稿模板
标题 ↓ 前言 ↓ 主体 ↓ 结尾 ↓ 落款 ↓ 附录	**关于××的调查报告/××的调查报告** 前言：写明调查背景、目的、根据等。 概括说明调查的基本情况。 概括说明调查结论。 主体：展开叙述调查过程。 分析调查结果。 提出对策、建议和措施。 结尾：重申或概括结论。 姓名或者单位名称（也可写在标题下，居中排布）。 附：调查时所用的资料、调查问卷，以及写作时参考的相关文献和作者声明等。

小贴士

调查报告写作要求

（1）前期要有针对性地做好调查，大量收集材料。面对大量原始材料，要去粗取精、去伪存真。

（2）中间要认真做好分析和研究，找出规律，概括出合乎事理的观点，提出合理建议。

（3）最后根据约定俗成的格式撰写成文。调查报告写作过程中，要用事实说话，综合运用叙述、说明和议论的表达方式，把观点和材料统一起来。

任务6　活动策划书

* * * * * * * * * * * * * * * *

学习目标

- **知识目标**

  能够说出活动策划书的基本要素。

- **技能目标**

  能够拟定一份要素齐全、格式规范、安排合理的活动策划书。

- **素质目标**

  1. 能够提升书面表达能力和素养。
  2. 能够秉持认真踏实的写作态度。

- **思政目标**

  能够树立团队合作意识，关心所在集体，传递正能量。

课前学习任务

搜集一份活动策划书，阐述活动策划书的含义，并记录在课前任务反馈的横线上。

一、课前任务反馈

二、课中活动

（一）导航

学校图书馆发现学生借阅量显著下降，亟须改变这一现状，决定启动“书香校园”读书周活动，以营造浓厚的阅读氛围。为此，图书馆委托校学生会负责策划本次活动，并要求在一周内提交“书香校园”读书周活动策划书。

思考：活动策划书应该包含哪些要素？

（二）各个击破

请以小组合作的形式完成“书香校园”读书周活动策划书的撰写。

1. 标题

2. 活动背景

3. 活动目的和意义

4. 活动主题

5. 活动时间

6. 活动地点

7. 活动流程（活动前期准备、活动开展、活动后续工作）

8. 经费预算

9. 注意事项

10. 落款

（三）综合实战

请以小组为单位，修改、完善上面的活动策划书。

三、课后活动

小组分享修改好的活动策划书，并进行小组自评、组间互评、教师点评，评选出优胜小组。

四、知识链接

（一）策划书的含义

策划书是指开展某项活动或工作的富有创意的书面设计方案，也称策划方案。

（二）策划书的种类

按照策划内容来划分，策划书一般可分为活动策划书和商业策划书两大类，如表 6-6-1 所示。

表 6-6-1　策划书的种类

类别	特征
活动策划书	一般用于各种非营利性活动，如学生活动、学术活动、企业内部活动等
商业策划书	以解决企业的问题为核心，密切结合市场、产品和企业实际状况，所有指标都要具体化甚至量化，执行方案要严谨。主要包括广告策划书、产品策划书、公关策划书、营销策划书，企业形象策划书、图书策划书、宣传策划书、危机策划书等，其中，营销策划书较为常用

（三）策划书的要素

不同的策划书包含不同的内容要素，但一般需要具备以下 8 个基本要素。

（1）Why（为什么）——策划的背景、缘由、目的。

（2）What（什么）——策划的基本内容。

（3）Who（谁）——策划的相关参与人员。

（4）Where（何处）——策划实施的场所。

（5）When（何时）——策划活动开展的时间。

（6）How（如何）——策划执行的具体方法。

（7）How much（多少费用）——经费预算。

（8）Effect（效果）——预测、评估策划的结果。

（四）策划书的结构

策划书一般由标题、正文、落款、附录等部分组成。

1. 标题

（1）由“单位名称+时间+策划名称+文种”构成的标题，如《育才学院辩才社 2024 年社团动员活动策划书》。

（2）由“策划名称+文种”构成的标题，如《毕业生求职策划书》。

2. 正文

策划书没有一成不变的格式，一般采用条文式的写法。

（1）前言。

前言需要介绍活动背景，一般涉及以下内容：基本情况简介、主要执行对象、近期状况、组织部门、活动的开展原因、活动的社会影响及相关目的等。可根据实际情况灵活安排写作内容。

（2）主体。

① 活动概况。

活动目标及意义：活动目标要具体化，并需要突出重要性、可行性、时效性。在陈述目标时，该活动的核心构成或策划的独到之处及由此产生的意义都应被明确写出。

活动主题：专题活动要为广大公众接受，就必须选好主题。主题是整个策划的灵魂，是统领整个活动及连接各个项目、步骤的纽带，要用简明扼要的语言概括出专题活动的创意点。

② 活动流程。

活动流程在表达上不局限于文字，也可适当加入统计图表、数据等，以便于统筹。

活动流程大致可分为以下三个阶段：

一是活动准备阶段（包括海报宣传、前期报名、赞助经费筹备等）；

二是活动举办阶段（包括人员的组织配置、场地安排等，须注明活动开展阶段的负责人、指导单位、参加人数等信息）；

三是活动后续阶段（包括结果公示、活动开展情况总结等）。

③ 所需资源与经费预算。

所需资源：列出所需人力资源、物力资源。

经费预算：对于活动的各项费用，在根据实际情况进行具体、周密的计算后，用清晰明了的形式列出。

④ 注意事项。

注意事项可以是流程安排之外的补充事项，也可以是出现意外情况时的应急预案。

3. 落款

落款注明策划单位名称或策划人姓名及成文日期。

4. 附录

若有与策划相关的数据资料、问卷样本或其他背景材料，可以附件的形式附在文后。

（五）策划书的参考模板

策划书的参考模板如表 6-6-2 所示。

表 6-6-2　策划书的参考模板

标题		单位名称+时间+项目名称+文种
正文	前言	介绍活动背景
	主体	介绍活动概况
		写明活动流程
		列出所需资源与经费预算
		注明注意事项
落款		策划单位名称或策划人姓名及成文日期
附录		附上数据资料、问卷样本、其他背景材料

（六）例文

育才学院辩才社 20××年社团动员活动策划书

××大学育才学院辩论与社交口才协会是一个学生社团，简称“××大学育才学院辩才社”。辩才社以为同学服务、培养同学良好的素质和能力、加强大学生之间的沟通与交流为目的，积极开展辩论、演讲、朗诵、社交礼仪培养、口才和普通话培训等集体活动，致力于打造不断开拓进取、为大学生交流提供完美舞台的服务型社团。

一、活动背景

伴随着大一新生的到来，我们社团迎来了新一轮的招新。但是与以往不同的是，这一次的招新规模更大，人数更多，范围更广。其中，最为突出的是对成员进行扩招，总人数已经达到五六百人。对于这些大一新生来说，他们对我们社团还不是很了解，不知道我们社团到底是做什么的，所以迫切需要了解我们社团。与此同时，新生已经开始觉得大学的生活很乏味，急切需要被指点迷津，找到方向，以丰富大学生活。

二、活动主题

联系新、老成员，使成员之间有所了解，并对我们社团也有所了解，向新成员展示我们社团的风采，让他们更好地了解我们社团的历史与性质。

三、活动目的

总结辩才社过去一年取得的佳绩，增进成员间的友谊，使我们辩才社成为一个更温暖的大家庭。

总结招新情况，激发新干事、新成员的工作热情和参与积极性，增强其归属感和责任感，为社团开展活动打下基础。

四、活动意义

扩大我们社团在我院的知名度，为我们社团以后举办大型的活动打下坚实的基础。同时，为新生提供一个自我展示的平台，让他们畅谈自己对大学生活的认识，合理规划自己的大学生活。大会还将请来我院非常优秀的学长、学姐，为我们讲述他们在大学里面精彩的生活和宝贵的经验，避免在大学生活中走弯路，尽快融入精彩的大学生活。

五、活动时间

20××年10月15日上午9：00—12：00

六、活动地点

大学生活动中心一楼大厅（初定）

七、活动对象

××大学育才学院辩论与社交口才协会全体成员

八、活动准备

活动准备如表6-6-2所示。

表 6-6-2 活动准备

部门	具体分工
办公室	1. 负责起草通知文件，通知出席会议的相关人员 2. 负责新闻稿件的写作 3. 负责会议场地申请 4. 社长助理负责发出邀请函 5. 负责大会的记录和现场拍摄工作
文娱部	1. 负责大会期间节目演出人员安排及演出节目顺序的安排 2. 事先准备好表演音乐 3. 选出两位主持人 4. 选出四位礼仪小姐
宣传部	负责海报、传单等的制作及其他宣传工作
网络部	1. 负责大会 PPT 的制作和演示 2. 负责活动现场的摄影工作及后期照片的编辑整理 3. 加入本社团的信息，把前几次活动照片都展示出来
组织策划部	1. 负责起草大会策划书 2. 在整个活动过程中组织协调各部门间的分工与沟通交流 3. 准备游戏道具 4. 布置会场
监察部	1. 负责维持现场秩序 2. 负责做好大会记录 3. 负责所有人员的座位安排 4. 打印签到表及邀请函，负责签到
外联部	负责拉赞助
生活部	1. 负责奖品安排，准备 30 份奖品（作为游戏奖励） 2. 负责此次活动经费的安排

九、活动流程

（1）社长通知各理事安排人员提前 30 分钟到场布置会场。社长及副社长助理进行协助。

（2）成员到场就座后，播放社团相关 PPT，向成员介绍辩才社，使他们对辩才社有更多的了解。

（3）成员到副社长处签到。

（4）全场保持安静，晚会正式开始。

（5）主持人入场，介绍莅临嘉宾领导。

（6）邀请嘉宾到场就座，发表演讲。

（7）社长宣布本学期计划纲领汇报。（策划部）

（8）副社长简单说明辩才社规章制度。（网络部）

（9）组织部及相关人员负责现场秩序和突发事件的处理。

（10）表演节目。

(11) 主持人宣布大会圆满结束，嘉宾领导退场，成员退场。

(12) 全体部长干事留下合影留念。

(13) 活动结束后，协会所有干部及干事负责清理会场，并及时做活动总结。

十、资源设备

电脑、音响、话筒、电源等。

十一、活动经费

(1) 邀请函的制作（100元）。

(2) 海报及传单的制作（200元）。

(3) 会场布置饰物的购买（200元）。

(4) 活动奖品（300元）。

总计800元。

十二、注意事项

(1) 前期宣传一定要做好，务必及时。

(2) 赞助要拉到，保证活动经费到位。

(3) 教室的申请要提前。

(4) 会场的布置一定要及时。

(5) 注意人员联系，确保按时参加大会。

(出自“应届毕业生网”，略有改动)

小贴士

撰写策划书的注意事项

(1) 小型策划书可以直接用表格填充；大型策划书可以不拘泥于表格，自行设计，力求内容详尽、页面美观。

(2) 可以专门给策划书制作封面，力求简单、凝重。可以对策划书进行包装，如用设计的徽标做页眉，力求图文并茂。

(3) 如有附件，可以将其附于策划书后面，也可单独装订。

(4) 须从纸张的长边装订。

(5) 一个大型策划书可以有若干子策划书。

任务7　短文案

学习目标

● **知识目标**

1. 能够说出短文案的结构。

2. 能够说出短文案的写作技巧。

● **技能目标**

能够结合新媒体特性，运用写作技巧，撰写旨在销售、传播的短文案。

● **素质目标**

能够大胆创新，提高文案写作素养。

● **思政目标**

能够增强服务意识和社会责任感。

课前学习任务

了解什么是短文案，并搜集一则吸引你的短文案。

一、课前任务反馈

二、课中活动

（一）导航

对于下面两条关于洁面仪的短文案标题，你认为哪一条更好？为什么？

1. 智能焕肤，洁面小旋风

2. 一分钟，把毛孔里的脏东西震出来

（二）各个击破

如果你要写一条推销某产品的短文案，你会怎么写？

1. 标题

2. 开头

3. 主体

4. 结尾

（三）综合实战

分析课前学习任务中搜集的短文案，指出其使用的写作技巧，并仿写。

三、课后活动

给自己撰写的短文案配上图片，并分享配文技巧。

四、知识链接

（一）短文案的含义

短文案是指在有限篇幅内，通过精炼、有力且吸引人的语言，迅速传达核心信息并激发特定情感或行动的微型文本。其中，产品营销文案较为常见，这类文案能用简洁的文字概括产品特点，精准传达核心信息和情感，引起读者共鸣，促使他们采取行动，如购买产品或下载应用。

（二）短文案的特点

与传统的长文案相比，短文案的篇幅更小，使用范围更广，更容易撰写，也更方便阅读。总结起来，短文案有以下三大特点。

（1）篇幅短小：短文案字数少、篇幅小，能用最简短的文字表达出写作目的，更容易让人记住。很多脍炙人口的广告语其实都是短文案。

（2）目标明确：短文案具备清晰的商业或沟通目标，旨在传达关键信息、激发情感共鸣或兴趣、引导用户采取行动等。

（3）创意独特：在信息泛滥的时代，短文案须具备瞬间吸引受众注意的能力，引发其兴趣，触动其情感（如好奇心、共鸣、欲望、紧迫感等）。

（三）短文案的写作方法

1. 标题的写作技巧

撰写短文案标题的技巧与方法繁多，其中运用数字、金句、问句及对比手法尤为常见。相比描述性语言，数字更为直观，便于理解和记忆，尤其在展示成绩、成果，分享经验与干货时极具实用价值。若将这些数字与金钱、方法、秘籍、套路、公式、秘密、身高、体重、资产等信息相结合，效果将更佳。金句的本质在于对文字信息进行精准提炼与巧妙包装，增强短文案的吸引力和记忆效果。采用问句能有效拉近文案与受众的距离，激发其好奇心，引导其继续阅读以探寻答案。而对比手法则是将两个相反或相对的事物，或同一事物的相反、相对方面并列呈现，通过比较进行描述或说明，这种手法天然制造冲突或差异，打破大脑预期的“一致性”，产生的冲突感如同磁铁般吸引眼球，使读者在信息洪流中不由自主地驻足关注。

标题的写作技巧示例如表 6-7-1 所示。

表 6-7-1 标题的写作技巧示例

技巧类型	示例
使用数字	《7 天暴减 15 斤的绝密方法》 《普通人崛起的六大狠招》
使用金句	《自律不痛苦，假装自律才痛苦》 《爱自己是终生浪漫的开始》
使用问句	《预算 300 元能买什么?》 《如何用 100 元巧妙改造出租屋?》
使用对比	《月薪 3 000 元和 3 万元文案的区别》 《不会做饭却开了家爆火餐厅》

2. 开头的写作技巧

短文案的开头通常需要迅速吸引受众的注意力，以建立信任或传递关键信息。表 6-7-2 展示了几种常见的开头的写作技巧。

表 6-7-2 开头的写作技巧

技巧类型	目的	示例
痛点开头法	直击用户未解决的痛点，激发需求	姐妹们，难道减肥只能依靠节食与运动吗?这样可不行
单刀直入法	零铺垫切入主题，高效筛选目标用户	姐妹们快看！这就是你们错过好多年的宝藏女装店
营造对话感	用朋友式口吻拉近距离，增强亲切感	早上好！上班或上学前，来份营养、好吃又便捷的早餐吧

3. 主体的写作技巧

(1) 并列法。

所谓并列法，指的是你要撰写的内容之间关系是并列的，它们之间没有主次和先后的区分。例如，在某份指导设计简历的文案中，开头提出了一个结论：“这份求职简历能让你的面试成功率提升 50%”。那么，如何证明这一结论呢?主体部分可以从结构、内容、配色、排版等方面来论证开头的观点，这几个方面彼此并列，其前后顺序可以灵活调换。

(2) 递进法。

除了并列关系之外，有些文案的内容会按照一定的顺序逐步推进，后面的内容相较于前面的内容更为重要、更为深入、难度也更大，从而形成一种层层递进的关系。在这种情况下，我们需要采用递进法来进行布局。

4. 结尾的写作技巧

短文案的结尾应重视调动情绪，增强记忆黏性和驱动力，比较常见的结尾的写作技巧如表 6-7-3 所示。

表 6-7-3　结尾的写作技巧

技巧类型	目的	示例
金句感悟结尾法	用哲理性语句升华主题，增强记忆点	低起点更要敢折腾——职校生的逆袭从不是奇迹
引导互动结尾法	激发用户参与，提高互动数据	你被哪句话戳中了？评论区蹲同类姐妹
引导下单结尾法	明确行动指令，降低决策成本	点击下方链接，立即享受学生专属优惠，立减 200 元

(四) 短文案的参考模板

短文案的参考模板如表 6-7-4 所示。

表 6-7-4　短文案的参考模板

结构	技巧方法
标题	使用数字、金句、问句和对比手法
开头	痛点开头法、单刀直入法、营造对话感
主体	并列法、递进法
结尾	金句感悟结尾法、引导互动结尾法、引导下单结尾法

小贴士

微信朋友圈短文案写作公式如表 6-7-5 所示。

表 6-7-5　微信朋友圈短文案写作公式

文案类型	正文公式
生活类文案	当下的状态描述+感悟升华
干货类文案	观点+案例运用/方法步骤/原因解释
产品类文案	自己使用经历+使用感受+评论
	用户痛点+原因分析+解决方案
晒单类文案	结果+客户身份/故事+夸奖客户
	改变前的糟糕+改变后的美好

任务 8　述职报告

学习目标

- **知识目标**

  能够说出述职报告的文体结构。

- **技能目标**

  能够根据需要，撰写出内容准确、格式规范、措辞得体的述职报告。

- **素质目标**

  能够展现规范、简明、准确的文书写作素养。

- **思政目标**

  能够增强事业心和责任感，体现爱岗敬业的精神。

课前学习任务

搜集一份述职报告 PPT 模板。

一、课前任务反馈

二、课中活动

（一）导航

述职报告和总结有哪些不同？

（二）各个击破

假设你担任了班干部中的某一职务，学期结束要评选优秀班干部，届时要求每一位班干部述职，请根据你所熟悉的工作职位写一份述职报告。

1. 标题

2. 称谓

3. 导言

4. 主体

5. 结尾

6. 署名及日期

（三）综合实战

小组合作，查找下文中的不当之处。

个人报告

尊敬的领导，亲爱的同事们：

你们好！我是来自销售部门的小李，今天在这里向大家汇报一下我今年的工作情况。

首先，我要说的是，今年我工作非常努力。在这一年里，我每天都是早出晚归，加班加点完成任务。我对待工作的态度非常认真，总是尽自己最大的努力去完成每一个项目。

然后，我想谈谈我的成就。今年我成功地完成了多个销售目标，并且获得了公司的认可。

接下来，我要反思一下自己的不足。我觉得自己有时候处理问题不够成熟，有时候会因为一些小事情而感到烦恼。我需要在未来的工作中，更加冷静地面对问题，提高自己解决问题的能力。

最后，我要感谢领导和同事们的支持与帮助。没有你们，我今年不可能取得这样的成绩。希望在新的一年里，我们能够继续合作，共同取得更大的成功。

谢谢大家！

三、课后活动

使用述职报告PPT模板，根据自身实际情况，制作一份内容准确、措辞得体的述职报告。

四、知识链接

（一）述职报告的含义

述职报告是各级机关、社会团体和企事业单位的领导及工作人员，向所在单位的组织人事部门、主管领导机关或本单位职工群众，陈述自己任职一定时期内履行岗位职责情况的自我评述性报告。

（二）述职报告的特点

（1）内容的限定性。述职必须紧紧围绕岗位职责和目标来进行。无论是汇报工作成绩，还是说明存在的问题、概括今后工作打算，所用的材料都必须被限定在述职人的职责范围内，不属于自己的岗位职责，即使做了某些工作也不必写入报告中。

（2）实绩的呈现性。述职报告表述的重点应该是工作实绩，即在一段时间内做了哪些工作，有什么突出贡献，包括工作质量、效率、完成情况及程度、水准等，实事求是地做出自我评价。写述职报告，切忌泛泛空谈、抽象论证。

（3）时间的限制性。述职报告有严格的时间界限：一是述职的内容必须是在任职期限内的，不是这一期间做的工作无须写入；二是报告时间具有限制性，述职者必须在考核期间按考核时间的要求写出书面报告，向本部门同事宣读并上交上级有关部门。

（4）行文的严肃性。述职报告是考察工作的重要依据之一，一般都要存入干部、人事档案，加上需要面对领导、同事报告，以及考虑到报告场合的庄重性，述职报告具有极强的严肃性。因此，述职者必须严肃认真地对待述职报告的写作。报告中述说的“实绩”，必须真实准确，语言质朴平易，切不可添枝加叶、主观想象，或含糊其辞、文过饰非。

（5）主体的唯一性。用第一人称表述。

（三）述职报告的作用

（1）有助于组织人事部门或上级主管领导或本单位领导，比较全面地了解任职干部和职工的工作态度、工作情况、工作能力、是否称职，以便对其做出合理的考核、中肯的评定。

（2）有助于任职干部和职工在任职期间从思想意识、道德观念、工作方法等方面严格要求自己，不断学习、忠于职守，全心全意为人民服务。

（3）有助于群众对领导干部进行评价，帮助领导干部清楚地认识自己的功过，有利于组织人事部门或上级领导或本单位领导做出公正评定。

（四）述职报告的种类

述职报告的种类有很多，可以从内容上、从时间上、从表达形式上划分述职报告，具体如表 6-8-1 至表 6-8-3 所示。

表 6-8-1　从内容上划分述职报告

类别	特征
综合性述职报告	报告内容是对一个时期所做工作的全面、综合的反映
专题性述职报告	报告内容是对某一方面的工作的专题反映
单项工作述职报告	报告内容是对某项具体工作的汇报，往往既是临时性的工作，又是专项性的工作

表 6-8-2　从时间上划分述职报告

类别	特征
任期述职报告	从任现职以来的总体工作进行报告。一般来说，时间较长，涉及面较广，要写出一届任期的情况
年度述职报告	这是一年一度的述职报告，写本年度的履职情况
临时性述职报告	指担任某一项临时性的职务，写出其任职情况

表 6-8-3　从表达形式上划分述职报告

类别	特征
口头述职报告	指需要向选区选民述职，或向本单位职工群众述职的，用口语化的语言写成的述职报告
书面述职报告	指向上级领导机关或人事部门报告的书面述职报告

（五）述职报告的结构

述职报告一般由首部、正文和落款三个部分组成。

1. 首部

首部主要包括标题、主送机关或称谓等内容。

（1）标题。

述职报告的标题有单标题和双标题之分。

单标题一般为“述职报告”，或“在……（上）的述职报告”，也可以在“述职报告”前面加上任职时间和所任职务，如“××年试聘期述职报告”“××年××任××职务期间的述职报告”；

双标题由正标题和副标题组成，正标题是对述职内容的高度概括，副标题补充说明是何职何人的述职报告，前面加破折号，如“尽职尽责尽心尽力——××的××年度述职报告”。

（2）主送机关或称谓。

称谓要根据会议性质及听众对象而定。

书面向上级机关呈送的述职报告，应写明收文机关，如“××党委”“××组织部”“××人事处”等；

口头向领导和本单位干部职工做述职报告，应表明称谓，如“各位代表”“各位委员”“各位同志”，或“各位领导，同志们”“各位领导、各位同人”。

称谓位于标题之下、正文的开头，有时根据需要在正文中间适当穿插使用，称谓一般采用提行的写法。

2. 正文

述职报告的写法依据报告的场合和对象而定，一般来说由导言、主体和结尾三个部分组成。

（1）导言。

导言写个人任职以来的基本情况，包括以下三个方面的内容。

一是岗位职责，包括任职时间、担任职务、分管工作、变动情况、背景情况、主要职责和考核期内的主要工作目标。

二是指导思想，说明自己是在何种思想原则、方针政策指导下进行工作的。

三是述职评估，扼要叙述任职期间履行岗位职责的主要成绩，对自己尽职尽责的情况做总体评价。这部分确定述职范围和基调，力求简洁明了，给听者一个大体印象。

（2）主体。

主体部分大致有以下三种写法。

① 工作项目归类式，即分条切割，纲举目张。分条切割是根据表意（纲）的需要，把结构分成一些相互联系的条条块块（目），并用小标题引领，对履职情况分别进行陈述，就是与岗位职责和工作目标一一对照，每一类作为一个层次依次叙述自己完成目标、履行职责的具体过程及实际效果。

② 时间发展顺序式，即把任期内的时间按先后顺序分成几个阶段，再对每个阶段的工作进行归纳陈述。这样写，既便于讲清各阶段取得的成绩和经验，又便于展现履职期间的工作全貌。不过，要注意抓住重点，不可巨细无遗。

③ 内容分类集中式，即按听取报告者的要求，把对方需要了解或自己认为必须报告的内容依据材料的性质进行分类陈述，一般分为主要工作、成绩效益、经验教训、存在问题和对策等几部分逐一展开。此种形式也要求突出重点，做到详略得当。

（3）结尾。

结尾要从实际出发，对今后工作在科学分析的基础上做出战略性的规划，表明尽职的态度。写今后计划包括目标、措施、要求三要素。要抓重点、抓难点、抓特点，提纲挈领，不要展开论述。如果述职期的工作确实有特色，有亮点，有经验，而且对今后的工作有启示和借鉴作用，则不妨将一些主要的思考和做法提到理性的高度加以述评。这部分与总结不同，数量少一些，占全文不足1/5为好。一般要求用格式化的习惯语来结束全文（通常以“述职至此，谢谢大家”“以上报告，请领导、同志们批评指正”之类的惯用语结束全文。如果书面呈报，则写“以上报告，请审阅”“以上述职报告妥否，请予审议”“特此报告，请审查”，以示郑重）。

3. 落款

落款包括署名、成文或述职日期，也可以将署名放在标题之下。

如有必要，可以加附件（用来补充说明或证实正文陈述的有关情况的材料），但应在正文结束语之后、落款之前，标明附件名称和序号。附件应装订于正文之后。此外，在正文陈述有关情况需要补充说明或证实时，应在适当位置加括号说明，如“（参见附件）”“（参见附件1）”“（参见附件2）”等。

（六）述职报告的参考模板

述职报告的参考模板如表6-8-4所示。

表 6-8-4　述职报告的参考模板

拟写顺序	文稿模板
称谓 ↓ 导言 ↓ 文种承启语 ↓ 工作思路，指导思想 ↓ 工作的成效和经验 ↓ 主要问题与不足 ↓ 改正措施、努力方向 ↓ 自我等级评价 ↓ 结尾 ↓ 落款	**述职报告** 各位领导、各位同志（称谓）： 我于去年1月调任××厂厂长，在××的领导下，按照厂长岗位职责，在同志们的支持下，认真而正常地开展工作，取得了相应的成绩。（导言：说明职务、任职情况及对工作的总体估价）现在向领导和同志们述职如下（文种承启语）： 一、××（表述工作思路、工作指导思想） 上任之初，我提出了……，要求全厂的工作重心调整为…… 二、××（表述任职期间工作的成效和经验，注重介绍典型的工作实绩） 1. …… 2. …… 三、××（表述存在的主要问题、工作上的不足） …… 四、××（改正措施及努力方向） …… 任职一年来，我尽职尽责地开展工作，与工厂建立了深厚的感情，也取得了一些成绩，这是在上级领导的关心下、全厂职工的努力支持下共同取得的。我认为自己是称职的（对任职的自我等级评价）。 今后，我仍然要……，力争在新的一年里……，以优异的成绩向同志们汇报。 以上是我的述职报告，请领导和同志们指正！谢谢各位！（结尾：通常写“以上是我的述职报告，谢谢各位”一类话语） ×× ××年××月××日

小贴士

述职报告框架搭建“五大模式”

一二模式

结构：1 突破+2 坚持

例如：在××工作上，相较于××取得突破

坚持1. ……

2. ……

二一模式

结构：2 改进+1 提高

例如：对 1. ……；2. ……做出了改进

在……上有了提高

一二三模式

结构：1 中心+2 重点+3 方向

例如：围绕××中心：

在 1. ……；2. ……做出重点安排

体现在1. ……

2. ……

3. ……方面

三二一模式

结构：3 突破+2 落实+1 收获

例如：在 1. ……；2. ……；3. ……工作上有突破

1. ……；2. ……得到落实

在……方面有了很大收获

三三三模式

结构：3 重视+3 成就+3 创新

例如：重视 1. ……；2. ……；3. ……工作

取得 1. ……；2. ……；3. ……成就

在 1. ……；2. ……；3. ……方面有创新

参 考 文 献

1. 朱彩虹. 大学生实用口才训练教程［M］. 北京：清华大学出版社，2010.

2. 朱彩虹. 大学生口才训练［M］. 长沙：湖南大学出版社，2016.

3. 严希洪. 普通话机测读本［M］. 昆明：云南民族出版社，2013.

4. 郭鹏. 好口才是练出来的［M］. 北京：化学工业出版社，2014.

5. 刘晨红. 演讲与口才训练教程［M］. 银川：阳光出版社，2011.

6. 高冬琳. 普通话项目化教程［M］. 济南：山东人民出版社，2016.

7. 牛犇. 疯狂面试实用教程［M］. 昆明：云南大学出版社，2016.

8. 胡介埙. 商务沟通：原理与技巧［M］. 2 版. 大连：东北财经大学出版社，2014.

9. 格里芬. 这样说最有效：高效沟通开启职场晋升路［M］. 2 版. 史锐，译. 北京：清华大学出版社，2009.

10. 姜钧. 礼仪知识大全集［M］. 南昌：百花洲文艺出版社，2011.

11. 姜国忠. 大学实用语文［M］. 北京：中国经济出版社，2009.

12. 刘雪涛，刘建华. 求职必看［M］. 北京：海潮出版社，2009.

13. 徐春艳，赵一. 图解口才艺术一本通［M］. 长春：吉林文史出版社，2017.

14. 惠转宁，赖华强. 领导与管理口才［M］. 广州：暨南大学出版社，2015.

15. 陈爱芳，韩岩. 演讲与口才［M］. 北京：中国商业出版社，2016.

16. 沈晓昕，张传刚. 交际与口才［M］. 苏州：苏州大学出版社，2014.

17. 张洁. 教师口语训练教程［M］. 上海：华东师范大学出版社，2013.

18. 王绳媛，杜慧春. 口才训练教程［M］. 成都：西南交通大学出版社，2009.

19. 薛明. NLP 实用职场沟通技巧［M］. 北京：北京理工大学出版社，2014.

20. 张伦锦. 逻辑表达：井井有条的职场沟通术［M］. 广州：广东人民出版社，2019.

21. 汪志峰. 实用沟通教程［M］. 北京：北京理工大学出版社，2017.

22. 刘洪英，刘淑娟，杨红. 大学语文［M］. 2 版. 北京：北京交通大学出版社，2023.

23. 久久. 像高手一样发言：七种常见工作场景的说话之道［M］. 北京：机械工业出版社，2020.

24. 陈浩宇. 逻辑思维与口才：精通说话之道，实现人生逆袭［M］. 北京：中国友谊出版公司，2021.

25. 朱淑萍，邹旗辉. 应用文写作［M］. 北京：北京理工大学出版社，2019.

26. 余少文，曹艳红. 实用写作教程［M］. 广州：暨南大学出版社，2015.

27. 张祥平，张鹏振. 大学实用写作［M］. 武汉：华中科技大学出版社，2014.

28. 乐云，曹凤霞. 应用文写作［M］. 北京：北京师范大学出版社，2020.

29. 邹璐. 大学实用写作［M］. 北京：高等教育出版社，2013.

30. 应届生求职网. 应届生求职简历全攻略［M］. 上海：上海交通大学出版社，2009.

31. 刘锡庆，吕志敏，王秋梅. 应用写作［M］. 北京：外语教学与研究出版社，2014.

32. 陈承欢，薛宪琳. 财经应用文写作［M］. 北京：人民邮电出版社，2016.

33. 杨乐克. 大学生生涯规划与自我管理［M］. 北京：北京理工大学出版社，2020.

34. 张竹筠. 实用写作手册［M］. 北京：北京理工大学出版社，2021.

35. 李春燕，林龙健. “互联网+”项目式常用应用文写作教程［M］. 北京：电子工业出版社，2021.

36. 夏晓墨. 秒赞短文案：新媒体文案写作速成［M］. 北京：清华大学出版社，2024.